8° F
2934

I0122901

DÉPOT LÉGAL
MEURTHE-&-...
N° 189

MINISTÈRE DES FINANCES

INSTRUCTION

GÉNÉRALE

SUR LES RÉCLAMATIONS

EN MATIÈRE DE

CONTRIBUTIONS DIRECTES

ET DE

TAXES Y ASSIMILÉES

29 Janvier 1898

NANCY & PARIS

IMPRIMERIE ET LIBRAIRIE ADMINISTRATIVES BERGER-LEVRAULT & Cie

MAISON A PARIS, 5, RUE DES BEAUX-ARTS

1898

MINISTÈRE DES FINANCES

INSTRUCTION

GÉNÉRALE

SUR LES RÉCLAMATIONS

EN MATIÈRE DE

CONTRIBUTIONS DIRECTES

ET DE

TAXES Y ASSIMILÉES

29 Janvier 1898

NANCY & PARIS

IMPRIMERIE ET LIBRAIRIE ADMINISTRATIVE BERGER-LEVRAULT & Cie

MAISON A PARIS, 5, RUE DES BEAUX-ARTS

——

1898

INSTRUCTION GÉNÉRALE

SUR LES RÉCLAMATIONS

EN MATIÈRE DE

CONTRIBUTIONS DIRECTES ET DE TAXES Y ASSIMILÉES

(29 JANVIER 1898)

———•○•———

CHAPITRE Ier

DES DIFFÉRENTES NATURES DE RÉCLAMATIONS.

I. — *Décharges, réductions, exemptions temporaires, inscriptions sur les rôles, etc.*

Art. 1er. — Tout contribuable qui se croit imposé à tort ou surtaxé a le droit de présenter une demande écrite en décharge ou en réduction. (Lois du 21 avril 1832, art. 28, et du 6 décembre 1897, art. 12.)

Art. 2. — Il peut également, dans les limites indiquées ci-après (art. 31), faire une déclaration sur un registre spécial tenu à la mairie (mod. n° 22). [Loi du 21 juillet 1887, art. 2. — Circ. du 19 novembre 1887, n° 704, et du 29 novembre 1888, n° 725. — Décret du 24 février 1894, art. 24.]

Art. 3. — Lorsqu'une propriété a été cotisée à la contribution foncière sous le nom d'une personne autre que le véritable propriétaire, ce dernier ou l'imposé peut réclamer la mutation de cote. (Loi du 2 messidor an VII, art. 5. — Arrêté du 24 floréal an VIII, art. 2.)

Il en est de même pour la contribution des portes et fenêtres et pour les redevances sur les mines. (Loi du 8 juillet 1852, art. 13. — Arr. C. 23 novembre 1888, n° 3587.)

Art. 4. — L'exemption temporaire de tout ou partie de l'impôt foncier peut être réclamée pour semis ou plantation de bois, et pour plantation ou replantation de vignes dans les arrondissements déclarés atteints par le phylloxéra. (Loi du 3 frimaire an VII, art. 116. — Code forestier, art. 226. — Loi du 1er décembre 1887, art. 1er. — Circ. du 3 mai 1888, n° 712, et du 18 novembre 1892, n° 820.)

Les propriétaires qui dessèchent des marais et ceux qui défrichent ou plantent des terres peuvent, en vue de se garantir contre l'augmentation d'impôt pouvant résulter de la réfection du cadastre, demander le maintien temporaire de la cotisation assignée à ces propriétés. (Loi du 3 frimaire an VII, art. 111 à 115.)

L'exemption temporaire des contributions foncière (propriétés bâties) et des portes et fenêtres peut être réclamée pour les maisons nouvellement construites ayant le caractère légal d'habitations à bon marché. (Loi du 30 novembre 1894, art. 9. — Circ. du 8 mai 1896, n° 888.)

Art. 5. — La cession d'un établissement dans le cours de l'année autorise le cédant et le cessionnaire à réclamer le transfert de la portion de la patente restant à courir. (Loi du 15 juillet 1880, art. 28.)

Si l'établissement renferme des billards publics, le cédant peut aussi réclamer le transfert partiel de la taxe afférente à ces billards. (Décret du 27 décembre 1871, art. 2.)

Art. 6. — En cas de fermeture d'un établissement par suite de décès, de liquidation judiciaire ou de faillite déclarée, les intéressés peuvent réclamer la décharge de la patente pour les mois restant à courir. (Lois du 15 juillet 1880, art. 28, et du 8 août 1890, art. 30. — Circ. du 31 décembre 1890, n° 770.)

Art. 7. — Les contribuables omis aux rôles sont autorisés à demander leur inscription sur ces rôles. (Loi du 21 avril 1832, art. 28. — Arr. C. 4 mai 1877, n° 2975.)

Art. 8. — Ceux qui sont poursuivis pour l'acquit de cotes ouvertes au nom d'autres personnes peuvent réclamer l'annulation des poursuites dirigées contre eux et le remboursement des sommes qu'ils auraient payées en raison de ces poursuites. (Arr. C. 15 juin 1866, n° 1701, et 4 août 1868, n° 2038.)

Art. 9. — Les propriétaires et principaux locataires, mis en demeure d'acquitter, comme en étant responsables, les impôts personnel-mobilier et des patentes établis au nom de leurs locataires, peuvent contester par voie de réclamation cette responsabilité. (L. du 21 avril 1832, art. 22 et 23. — Loi du 15 juillet 1880, art. 30.)

Art. 10. — Les parties et les experts peuvent attaquer les arrêtés portant règlement des frais d'expertise. (Loi du 22 juillet 1889, art. 23.)

II. — Remises et modérations.

Art. 11. — Dans le cas de perte, totale ou partielle, du revenu des propriétés non bâties, par suite d'événements extraordinaires, tels que grêle, gelée, inondation, incendie, etc., les propriétaires sont recevables à demander la remise ou la modération de leur impôt de l'année. (Loi du 15 septembre 1807, art. 37.)

Ils peuvent exceptionnellement renouveler ces demandes, si l'événement survenu a étendu ses effets à l'année ou aux années suivantes. (Déc. minist. du 7 juin 1880, Bois de la Sologne.)

Art. 12. — Lorsque les pertes mentionnées à l'article précédent ont frappé une partie notable de la commune, la demande peut être présentée par le maire, dans l'intérêt collectif de ses administrés.

Le maire peut aussi réclamer au nom des habitants, s'il s'agit d'un incendie ou de tout autre sinistre ayant atteint un certain nombre de propriétés bâties. (Arrêté du 24 floréal an VIII, art. 26.)

Art. 13. — De leur côté, les contribuables sont admis à se pourvoir individuellement en modération au cas d'incendie ou de destruction, en cours d'année, de leurs maisons ou usines ou de démolition, même volontaire, de ces bâtiments.

Ils peuvent aussi se pourvoir en remise ou modération, lorsqu'ils ont éprouvé une perte de revenu par suite de vacance de maisons ou de chômage d'usines, dans les conditions indiquées ci-après (art. 80). [Loi du 15 septembre 1807, art. 38.]

Enfin, ils peuvent solliciter le dégrèvement, à titre gracieux, de tout ou partie de leur cotisation pour cause d'indigence ou de gêne. (Instr. minist. du 26 prairial an VIII.)

III. — États des percepteurs.

Art. 14. — Les percepteurs sont admis à présenter des états de cotes indûment imposées et des états de cotes irrecouvrables. (Instr. Compt. 1859, art. 128 et 129.)

Ils sont autorisés à inscrire sur les premiers de ces états toutes les cotes qui leur paraissent constituer un faux ou double emploi, mais seulement lorsqu'il s'agit de contribuables qui ne pourraient réclamer eux-mêmes. (Loi du 3 juillet 1846, art. 6. — Instr. Compt. 1859, art. 128.)

Quant aux états de cotes irrecouvrables, ils y portent toutes les cotes ou portions de cotes dont le paiement n'a pu être obtenu, ainsi que les frais de poursuites y relatifs qui n'ont pu être recouvrés. Ils n'y comprennent pas toutefois les frais d'instance judiciaire, qui s'imputent sur un crédit spécial et dont l'ordonnancement doit être demandé à la direction générale de la comptabilité publique par le trésorier-payeur général. (Instr. Compt. 1859, art. 129. — Règl. Compt. fin. 1866. — Résumé du 27 février 1893. Circ. du 28 février 1893, n° 831.)

IV. — États dressés, d'office, par le contrôleur et le directeur.

Art. 15. — En cas de cession d'établissement dans le cours de l'année, le transfert de la patente peut être proposé, d'office, par le contrôleur sur un état spécial. (Loi du 8 août 1890, art. 29. — Circ. du 31 décembre 1890, n° 770.)

Art. 16. — Les cotes ou portions de cotes qui sont reconnues former double emploi ou avoir été mal établies dans les matrices par suite d'erreurs matérielles d'écritures ou de taxation peuvent être inscrites, d'office, par le directeur sur des états particuliers de cotes indûment imposées. (Loi du 21 juillet 1887, art. 5. — Circ. du 19 novembre 1887, n° 704. — Décret du 24 février 1894, art. 34.)

Des dégrèvements d'office sont également accordés, au moyen d'états spéciaux, sur la contribution personnelle-mobilière, aux chefs de famille ayant sept enfants vivants, mineurs, légitimes ou reconnus et dont la cotisation en principal ne dépasse pas 10 fr. (Loi du 8 août 1890, art. 31. — Circ. du 14 février 1891, n 776, et du 26 novembre 1896, n° 899.)

CHAPITRE II

Des formes applicables a la présentation des réclamations.

Art. 17. — Toute demande en décharge ou en réduction doit être rédigée sur papier timbré, à moins qu'elle n'ait pour objet une cote inférieure à 30 fr. (Loi du 21 avril 1832, art. 28.)

Art. 18. — On entend par cote, non le montant de l'article au rôle, mais la part de chaque impôt afférente à des immeubles déterminés, à une profession spéciale, à un commerce distinct, sur lesquels porte la réclamation. (Circ. du 18 avril 1889, n° 736. — Arr. C. 18 janvier 1890, n° 3536, et 14 mars 1889, Gilliot [Landes].)

Il en est de même pour les éléments constitutifs de la taxe militaire. (Instr. minist. du 8 mars 1894. — Circ. du 17 mars 1894, n° 852.)

Art. 19. — Les demandes relatives à la taxe des prestations peuvent être présentées sur papier libre, quel que soit le chiffre de la cote. (Lois du 28 juillet 1824, art. 5, et du 22 juillet 1889, art. 61.)

Art. 20. — Sont aussi exemptes du timbre : les déclarations à fin de décharge ou de réduction faites sur les registres spéciaux des mairies (art 2); les déclarations à fin d'exemption temporaire (art. 4) soit pour construction d'habitations à bon marché, soit pour plantation ou replantation de vignes dans les arrondissements déclarés atteints par le phylloxéra. Ces dernières déclarations sont faites, dans le premier cas, sur le registre déposé à la mairie et destiné à l'inscription des déclarations concernant les constructions nouvelles, reconstructions, etc.; dans le second cas, sur des formules (mod. n° 37) fournies aux déclarants par le maire, qui les reçoit du directeur. (Loi du 21 juillet 1887, art. 2. — Décret du 2 mai 1888, art. 2. — Circ. du 3 mai 1888, n° 712, et du 8 mai 1896, n° 888.)

Art. 21. — Les demandes en dégrèvement pour vacance de maisons ou chômage d'usines (art. 13) sont passibles du timbre, sauf quand il s'agit de cotes inférieures à 30 fr. (Circ. du 14 février 1872, n° 507.)

Mais ce droit n'est pas exigible pour les demandes motivées, soit par des pertes de récoltes ou autres événements extraordinaires (art. 11), soit par la situation malheureuse ou gênée des imposés (art. 13).

Les demandes collectives des maires pour pertes de revenu (art. 12) sont aussi exemptes du droit de timbre.

Art. 22. — Les réclamations doivent être individuelles, à moins que ceux qui les forment ne soient imposés collectivement ou qu'il ne s'agisse de demandes produites par les maires pour pertes de revenu (art. 12).

Art. 23. — Toute réclamation à fin de décharge ou de réduction doit énoncer l'objet et les motifs de la demande. (Loi du 22 juillet 1889, art. 2.)

Il importe que le réclamant y joigne l'avertissement délivré ou un extrait du rôle.

Art. 24. — N'est pas recevable une réclamation qui n'est signée ni par l'imposé, ni par un mandataire. (Arr. C. 27 décembre 1878, n° 3109.)

Art. 25. — Nul n'est admis à réclamer pour autrui s'il ne justifie de sa qualité d'ayant cause ou de mandataire. (Arr. C. 28 février 1856, n° 223.)

Dans ce dernier cas. le mandat produit doit être timbré et enregistré, quel que soit le chiffre de la cote[1]. (Lois du 13 brumaire an VII, art. 12 et 24, et du 22 frimaire an VII, art. 23.)

Art. 26. — L'ascendant imposé à la taxe militaire peut réclamer soit contre son inscription au rôle, soit contre les bases d'imposition de la taxe, y compris celles qui sont personnelles à l'assujetti. De même, l'assujetti peut réclamer, soit contre l'inscription de son ascendant au rôle, soit contre les éléments d'imposition de la taxe, y compris ceux qui sont personnels à son ascendant. (Décret du 24 février 1894, art. 31.)

Art. 27. — Les demandes collectives des maires (art. 12) indiquent la nature des pertes et, le cas échéant, la date de l'événement qui les a causées, les parties des communes où ces pertes ont eu lieu et le nombre approximatif des contribuables qu'elles ont atteints.

Art. 28. — Les états de cotes indûment imposées et les états de cotes irrécouvrables (art. 14) sont rédigés par commune. (Instr. Compt. 1859, art. 132 à 135. — Circ. du 9 novembre 1894, n° 861.)

Les cotisations relatives aux quatre contributions directes sont groupées dans un même état et inscrites, pour chaque contribuable, sur une seule ligne. Il en est de même pour les états de cotes irrécouvrables concernant les taxes assimilées qui donnent lieu à une instruction faite par le contrôleur (art. 58).

Les états doivent contenir, dans la colonne à ce destinée, tous les renseignements et détails propres à établir que les cotes ont été imposées à tort ou qu'elles sont devenues irrécouvrables, notamment les dates précises des décès, départs, faillites, etc., et l'indication des époques auxquelles remonte l'indigence des redevables.

Aux états de cotes irrécouvrables sont joints les certificats d'indigence ou d'absence, les procès-verbaux de carence, les contraintes extérieures revenues impayées et tous autres documents relatifs aux cotes présentées, ainsi que les états de règlement des frais de poursuites non recouvrés ou des extraits certifiés de ces états de règlement.

Les comptables sont autorisés à fournir en simple expédition les états dans l'instruction desquels interviennent les agents des contributions directes (art. 58).

Il leur est interdit de communiquer les états aux maires et aux répartiteurs avant de les remettre aux receveurs particuliers des finances. (Instr. Compt. 1859, art. 135.)

Art. 29. — Les réclamations de toute nature sont adressées au préfet pour l'arrondissement chef-lieu et aux sous-préfets pour les autres arrondissements. (Arrêté du 24 floréal an VIII, art. 1er.)

---

1. Il importe de remarquer, toutefois, que cette obligation résulte non pas de la législation spéciale au contentieux des contributions directes, mais des dispositions contenues dans les lois générales sur le timbre (13 brumaire an VII, art. 24) et sur l'enregistrement (22 frimaire an VII, art. 23), d'après lesquelles les tribunaux et administrations publiques ne peuvent rendre aucun jugement, ni prendre aucun arrêté sur actes non timbrés et enregistrés.

La circonstance que les pouvoirs donnés en matière de réclamations sur contributions directes n'ont pas été soumis à la double formalité du timbre et de l'enregistrement n'entraîne donc pas *le rejet de la réclamation*, mais seulement *l'abstention du tribunal ou de l'autorité appelée à se prononcer sur le litige*. (Voir à cet égard les règles tracées à l'article 111 de la présente instruction.)

Il est d'ailleurs bien entendu que le timbre et l'enregistrement ne deviennent nécessaires que si le mandat a été *effectivement utilisé*, soit pour la présentation de la demande elle-même, soit, tout au moins, pour l'accomplissement d'actes *indispensables* de la procédure.

Il en est de même pour les déclarations afférentes aux plantations ou replantations de vignes (art. 4). [Décret du 2 mai 1888, art. 1er. — Circ. du 3 mai 1888, n° 712.]

Art. 30. — Les déclarations à fin de décharge ou de réduction (art. 2) doivent être faites à la mairie du lieu de l'imposition. Elles y sont inscrites, sans frais, sur le registre (mod. n° 22) ; il en est remis un récépissé. (Loi du 21 juillet 1887, art. 2. — Circ. du 19 novembre 1887, n° 704, et du 29 novembre 1888, n° 725.)

Chaque déclaration est signée du réclamant ou de son mandataire. Le déclarant est invité à déposer à l'appui l'original ou un duplicata de l'avertissement et telles autres pièces qu'il croit utiles.

Art. 31. — Les déclarations mentionnées à l'article précédent ne peuvent être faites que pour les impositions comprises dans les rôles généraux des quatre contributions directes, dans les rôles de la taxe militaire et dans ceux de la taxe des prestations. (Loi du 21 juillet 1887, art. 2. — Décret du 24 février 1894, art. 34.)

Art. 32. — Pour obtenir l'exemption ou le maintien temporaire de l'impôt foncier dans les cas prévus aux deux premiers paragraphes de l'article 4, les intéressés doivent produire une réclamation dans la forme ordinaire. (Loi du 17 juillet 1895, art. 15. — Circ. du 9 août 1895, n° 882.)

Toutefois, en ce qui concerne les plantations et replantations de vignes et à l'égard de l'exemption temporaire, visée au troisième paragraphe de l'article 4, pour les habitations à bon marché, la réclamation est remplacée par une déclaration (art. 20). [Décret du 2 mai 1888, art. 1 et 2. — Circ. du 3 mai 1888, n° 712. — Circ. du 8 mai 1896, n° 888.]

Art. 33. — Les réclamations et déclarations visées à l'article précédent sont valables pour toute la durée de l'exemption ou de la garantie accordée par la loi, sans qu'il soit besoin de les renouveler annuellement. (Loi du 3 frimaire an VII, art. 123. — Décret du 2 mai 1888, art. 8. — Circ. du 3 mai 1888, n° 712, et du 8 mai 1896, n° 888.)

CHAPITRE III

DES DÉLAIS DE RÉCLAMATION.

Art. 34. — Les demandes en décharge ou en réduction (art. 1er) et les demandes en mutation de cote (art. 3) doivent être présentées dans les trois mois de la publication des rôles. (Lois du 4 août 1844, art. 8, et du 6 décembre 1897, art. 12.)

Toutefois, dans le cas de rectification d'erreurs commises dans l'expédition des rôles et des avertissements, le délai de réclamation court seulement du jour de la remise aux intéressés des avertissements rectifiés [1]. (Loi du 6 décembre 1897, art. 14. — Circ. du 10 décembre 1897, n° 916.)

Lorsqu'il s'agit de cotes imposées par faux ou double emploi, le délai de

---

1. La date de la remise de ces avertissements est constatée par un bordereau (mod. n° 21 (dont le retour à la direction doit être surveillé au moyen d'un carnet spécial analogue à celui (mod. n° 7) dont la tenue est prescrite pour les lettres d'avis de dépôt ou de décision.

réclamation ne prend fin que trois mois après le jour où l'imposé a eu connaissance officielle des premières poursuites avec frais dirigées contre lui. (Loi du 29 décembre 1884, art. 4. — Circ. du 16 février 1885, n° 666, et du 18 avril 1389, n° 733.)

Dans le cas de payement, total ou partiel, non précédé de poursuites, le délai de réclamation court : s'il s'agit d'un faux emploi, du premier versement effectué sur la cotisation ; s'il s'agit d'un double emploi, du premier versement effectué sur celle des deux cotisations qui a été acquittée en dernier lieu. (Arr. C. 27 mai 1887, 2 mars 1888, n° 3503, et 15 janvier 1892, Bozec [Finistère].)

Si la cotisation imposée par faux ou double emploi a fait l'objet d'une déclaration déposée à la mairie en conformité de l'article 2 de la loi du 21 juillet 1887, le délai spécial accordé par l'article 4 de la loi du 29 décembre 1884 court de la date de cette déclaration. (Arr. C. 31 octobre 1896, Rey [Haute-Savoie].)

Art. 35. — En matière de taxe militaire, le délai ne court, pour l'assujetti dont la taxe est imposée au nom de l'un de ses ascendants, qu'à partir du jour où il a été mis en demeure de rembourser la taxe. (Décret du 24 février 1894, art. 32 et 33. — Instr. minist. du 8 mars 1894. — Circ. du 17 mars 1894, n° 852.)

Pour les contribuables imposés à cette taxe au moyen de rôles complémentaires, le délai ne court qu'à partir de la connaissance qu'ils ont eue de l'imposition par les poursuites dirigées contre eux par le percepteur ou, dans le cas de payement non précédé de poursuites, à partir du premier versement effectué sur la cotisation.

Art. 36. — Les déclarations à fin de décharge ou de réduction faites dans les mairies (art. 2) doivent être reçues dans le mois qui suit la publication des rôles. (Loi du 21 juillet 1887, art. 2. — Circ. du 19 novembre 1887, n° 704.)

Lorsque ces déclarations sont écartées (art. 90, 91, 92 et 115), les intéressés ont un délai d'un mois à partir de l'avis qui leur en est donné pour présenter une réclamation dans la forme ordinaire, sans préjudice des délais généraux visés à l'article 34.

Art. 37. — Les réclamations tendant à l'exemption ou au maintien temporaire de la contribution foncière pour desséchement, défrichement, semis ou plantation, par application des articles 111 à 116 de la loi du 3 frimaire an VII et 226 du Code forestier (art. 4 et 32), doivent, à peine de déchéance, être présentées dès l'année qui suit celle de l'exécution des travaux et dans les trois mois de la publication du rôle. (Loi du 17 juillet 1895, art. 15. — Circ. du 9 août 1895, n° 882.)

Les demandes d'exemption temporaire pour les habitations à bon marché (art. 4 et 32) doivent être produites dans un délai de quatre mois à compter de l'ouverture des travaux de construction. (Circ. du 8 mai 1896, n° 888.)

Les déclarations à fin d'exemption temporaire pour plantation ou replantation de vignes (art. 4 et 32) doivent être faites dans les trois mois de la publication du rôle de l'année à partir de laquelle l'exemption est due au déclarant. Passé ce délai elles ne donnent droit à l'exemption que pour les années suivantes. (Décret du 2 mai 1888, art. 6. — Circ. du 3 mai 1888, n° 712.)

Art. 38. — Si les déclarations visées au dernier paragraphe de l'article précédent ne sont pas admises en totalité (art. 117 et 119), un délai d'un mois à compter de la notification de la décision prise est accordé aux déclarants pour réclamer dans la forme ordinaire. (Décret du 2 mai 1888, art. 12. — Circ. du 3 mai 1888, n° 712.)

Art. 39. — Les délais d'un mois et de trois mois, fixés respectivement pour la réception des déclarations dans les mairies et la présentation des réclamations ordinaires, ne courent que du 1er janvier pour les rôles de la taxe des prestations publiés avant cette date. (Circ. du 12 décembre 1846, n° 139.)

Art. 40. — Les réclamations contre le classement des propriétés non bâties ne sont plus recevables après les six mois qui ont suivi la mise en recouvrement du premier rôle cadastral. (Ordonn. du 3 octobre 1821, art. 9.)

Toutefois, les réclamations de l'espèce motivées par des erreurs matérielles peuvent être produites chaque année dans les trois mois de la publication du rôle. (Arr. C. 11 juillet 1864, n° 1511.)

Il en est de même des réclamations dirigées contre l'imposition des terrains ayant cessé d'être alternativement en étang et en culture. (Loi du 21 juillet 1897, art. 16. — Circ. du 31 juillet 1897, n° 907.)

Les demandes en réduction motivées par des événements extraordinaires sont admises dans les six mois de la publication du premier rôle ayant suivi ces événements. (Arr. C. 29 mai 1874, n° 2643.)

Art. 41. — Le propriétaire d'une propriété bâtie est admis à réclamer contre l'évaluation donnée à son immeuble, soit pendant six mois à dater de la publication du premier rôle dans lequel cet immeuble a été imposé, soit pendant trois mois à partir de la publication du rôle suivant. (Loi du 8 août 1890, art. 7. — Circ. du 27 janvier 1891, n° 774. — Arr. C. 2 mars 1894. Winand [Ardennes].)

Il n'est plus admis ensuite à réclamer qu'autant que, par suite de circonstances exceptionnelles, son immeuble a subi une dépréciation. Sa demande doit alors être produite dans les trois mois de la publication du rôle.

En dehors des cas prévus aux deux paragraphes précédents, aucune demande n'est plus recevable, à moins qu'il ne s'agisse d'un immeuble, en tout ou en partie détruit ou converti en bâtiment rural, d'une erreur matérielle ou d'une imposition établie par faux ou double emploi.

Art. 42. — Les demandes en transfert de patente (art. 5) doivent être produites dans les trois mois, soit de la cession de l'établissement, soit de la publication du rôle supplémentaire dans lequel le cessionnaire a été compris. (Loi du 15 juillet 1880, art. 28. — Arr. C. 2 mars 1883, n° 3286.)

Le transfert de la taxe sur les billards (art. 5) doit être réclamé dans les trois mois de la cession. (Circ. du 12 janvier 1872, n° 505.)

Art. 43. — Lorsqu'un établissement a été fermé par suite de décès, de liquidation judiciaire ou de faillite déclarée (art. 6), la réclamation doit être présentée dans les trois mois ayant suivi la fermeture définitive de l'établissement (Lois du 15 juillet 1880, art. 28, et du 8 août 1890, art. 30. — Arr. C. 28 février 1870, n° 2235.)

Art. 44. — Les demandes d'inscription sur les rôles (art. 7) ne sont recevables que dans les trois mois qui suivent la publication de ces rôles. (Loi du 21 avril 1832, art. 28.)

Art. 45. — Les demandes en annulation de poursuites ou en remboursement (art. 8) et les demandes en décharge de garantie (art. 9) doivent être présentées dans les trois mois, soit des poursuites, soit des payements. (Arr. C. 15 juin 1866, n° 1701, et 4 août 1868, n° 2038.)

Art. 46. — Les réclamations contre le règlement des frais d'expertise (art. 10) doivent être formées dans les trois jours de la notification de l'arrêté de règlement. (Loi du 22 juillet 1889, art. 23.)

Art. 47. — Le jour de la publication du rôle et celui de l'échéance ne sont pas comptés dans le délai de trois mois accordé pour la présentation des demandes en décharge ou en réduction. Ainsi, lorsqu'un rôle a été publié le 4 janvier, la réclamation est recevable jusqu'au 5 avril inclusivement. (Circ. du 30 sept. 1846, n° 134.)

Il en est de même pour le premier et le dernier jour des délais impartis dans les autres cas de réclamation.

Art. 48. — Les demandes en remise ou en modération, individuelles ou collectives, pour pertes résultant d'événements extraordinaires (art. 11 à 13), doivent être produites dans les quinze jours qui suivent ces événements. (Circ. minist. du 22 décembre 1826.)

S'il s'agit de pertes de récoltes, elles doivent être présentées quinze jours au moins avant l'époque habituelle de l'enlèvement des récoltes.

Art. 49. — Les demandes en dégrèvement pour cause de démolition en cours d'année (art. 13) doivent être reçues dans les quinze jours de l'achèvement de la démolition.

Art. 50. — Les réclamations pour vacance de maisons ou pour chômage d'usines (art. 13) doivent être produites dans les quinze jours ayant suivi, soit la cessation de la vacance ou du chômage, soit l'expiration des différentes périodes (trois mois ou une année) pour lesquelles, suivant la nature de la contribution ou de la propriété, le dégrèvement est susceptible d'être obtenu (art. 80). [Circ. du 31 août 1844, n° 47. — Loi du 8 août 1885, art. 35. — Circ. du 30 septembre 1885, n° 674.]

Art. 51. — Les délais mentionnés aux articles 48 à 50 sont de rigueur. Il n'appartient qu'au ministre de relever de la déchéance les demandes reçues après l'expiration de ces délais. (Circ. minist. du 5 juin 1841.)

Art. 52. — Les demandes en remise pour cause d'indigence ou de gêne (art. 13) peuvent être formées à toute époque.

Art. 53. — Les états de cotes indûment imposées doivent être présentés dans les trois mois de la publication des rôles. La date de leur présentation est celle de leur arrivée à la recette particulière des finances. (Loi du 3 juillet 1846, art. 6. — Arr. C. 26 juillet 1866, n° 1685.)

Art. 54. — Les états de cotes irrécouvrables sont dressés par le percepteur dans les deux premiers mois de la seconde année de chaque exercice. (Instr. Compt. 1859, art. 129 et 136.)

Ils doivent être remis le 1er mars au plus tard à la recette particulière qui les fait parvenir à la sous-préfecture avant le 1er avril.

Lorsqu'un percepteur est entré en fonctions dans les deux premiers mois de l'année, le dépôt de ses états de cotes irrécouvrables à la recette particulière peut être différé de deux mois à partir du jour de son installation. En aucun cas, ce dépôt ne peut être retardé au delà du 1er mai. (Instr. Compt. 1859, art. 129.)

Les percepteurs ont jusqu'à cette dernière date pour la présentation des états de cotes irrécouvrables concernant les rôles publiés après le 31 décembre de l'année à laquelle ils se rapportent.

Ils peuvent, exceptionnellement, demander au ministre de les relever de la déchéance pour la présentation hors délai d'états de cotes irrécouvrables (art. 216). [Circ. du 18 avril 1889, nº 736, et du 26 février 1891, nº 778.]

Art. 55. — Les états de dégrèvement dressés, d'office, par les directeurs peuvent être établis à toute époque. (Loi du 21 juillet 1887, art. 3. — Circ. du 19 novembre 1887, nº 704.)

CHAPITRE IV

RÉCEPTION, ENREGISTREMENT ET PREMIER EXAMEN DES RÉCLAMATIONS.

Art. 56. — Les demandes de toute nature, y compris les déclarations pour plantations ou replantations de vignes et les demandes collectives pour pertes, sont, sans exception, enregistrées dans les bureaux de la sous-préfecture ou de la préfecture à la date même de leur réception. (Loi du 22 juillet 1889, art. 1er.)

Cette date est inscrite sur chaque demande avec le numéro d'enregistrement. Elle doit y être portée très exactement, attendu qu'elle sert à établir le cas de déchéance et à fixer, s'il y a lieu, l'époque à partir de laquelle le paiement de la cote pourrait être suspendu (art. 157).

Art. 57. — Les demandes reçues dans les sous-préfectures sont transmises sans délai au préfet, qui les envoie immédiatement au directeur, ainsi que les réclamations adressées à la préfecture.

Celles de ces demandes qui paraîtraient non recevables pour défaut de timbre, de signature, pour défaut ou irrégularité de mandat, etc., ne doivent être, en aucun cas, renvoyées au réclamant.

Art. 58. — Les états de cotes indûment imposées et de cotes irrécouvrables présentés par les comptables sont également transmis par le préfet au directeur, à l'exception des états de cotes irrécouvrables relatifs à la taxe des prestations et à la taxe sur les chiens, dans l'instruction desquels les agents des contributions directes n'ont pas à intervenir. (Circ. du 6 novembre 1844, nº 59, et du 2 octobre 1855, nº 342.)

Art. 59. — Les demandes collectives pour pertes qui sont produites en temps voulu (art. 48) sont transmises au directeur, accompagnées d'arrêtés du préfet ou du sous-préfet nommant les commissaires chargés de procéder à la vérification avec le contrôleur. (Arrêté du 24 floréal an VIII, art. 26.)

Art. 60. — Le directeur examine les réclamations à mesure qu'elles lui parviennent. Il les inscrit immédiatement sur les registres par contrôle tenus à la direction (mod. nº 2) et y reporte les numéros qu'elles prennent sur ces registres.

Il est établi, pour chaque division de contrôle, deux registres distincts : le premier, pour les réclamations concernant les contributions directes; le second, pour celles qui s'appliquent aux taxes assimilées. Un compte spécial est ouvert, dans ce dernier registre, pour chaque taxe assimilée, sauf toutefois en ce qui concerne la contribution sur les voitures, chevaux etc., la taxe sur les billards et la taxe sur les vélocipèdes, qui ne font l'objet que d'un seul compte.

Les états des percepteurs s'appliquant à des taxes assimilées sont inscrits à un compte distinct placé en tête du registre relatif à ces taxes.

Art. 61. — Le directeur dresse pour chaque affaire une feuille d'instruction (mod. n° 4), qu'il remplit jusques et y compris la date de la communication au contrôleur.

Lorsqu'une demande s'applique à plusieurs contributions ou taxes comprises dans un même article, elle reçoit autant de numéros qu'elle concerne de contributions différentes. Mais il n'est établi qu'une seule feuille d'instruction par article de rôle.

L'emploi d'états collectifs est autorisé pour l'instruction des réclamations présentées en matière de vacance de maisons ou de chômage d'usines. (Circ. du 7 février 1894, n° 850.)

En ce qui concerne les demandes collectives pour pertes et les déclarations relatives aux plantations et replantations de vignes, le directeur procède comme il est indiqué ci-après aux articles 85 et 117.

Art. 62. — Dans les cinq premiers jours de chaque mois, à partir du 1er avril, le directeur adresse au trésorier-payeur général les relevés (mod. n° 19) des réclamations en décharge ou en réduction reçues à la direction. Cet envoi est accompagné d'un bordereau. (Circ. du 30 avril 1895, n° 871.)

Toutefois, cette communication n'a pas lieu à l'égard des perceptions et des recettes municipales dont les titulaires ont leur résidence effective dans la même localité que le contrôleur. Dans ce dernier cas, les comptables intéressés relèvent eux-mêmes les demandes sur les registres de réclamations du contrôle.

Art. 63. — Les demandes en décharge ou en réduction qui ont été produites tardivement sont enregistrées à part et soumises, sans autre instruction, à la formalité du dépôt (art. 103), avec un rapport motivé du directeur tendant à leur opposer la déchéance. Elles sont ensuite, s'il y a lieu, transmises au conseil de préfecture, qui a seul le droit de décider si la déchéance a été encourue. (Circ. minist. du 5 juin 1841.)

Le même mode de procéder peut être suivi lorsque la réclamation est présentée par un tiers s'attribuant la qualité de mandataire, sans justifier de cette qualité par la production d'un pouvoir.

Dans les deux cas, si à la suite des observations ou des pièces produites, la réclamation est reconnue recevable en la forme, le directeur l'inscrit au registre des réclamations ordinaires et l'adresse au contrôleur, pour instruction au fond.

Art. 64. — Le conseil de préfecture est saisi immédiatement par le directeur, sans instruction sur le fond, des états de cotes indûment imposées qui n'ont été reçus qu'après l'expiration du délai légal (art. 53). Ces états sont enregistrés à part, comme les demandes en décharge ou en réduction dont il est question à l'article précédent.

Art. 65. — Les demandes individuelles ou collectives en remise ou en modération, présentées en dehors des délais réglementaires, sont enregistrées à part et renvoyées au préfet pour décision sans instruction sur le fond. (Circ. min. du 5 juin 1841.)

Cette disposition s'applique aux états de cotes irrécouvrables sous la réserve des dispositions contenues dans les articles 54 à 216.

Art. 66. — Les affaires autres que celles visées aux trois articles précédents sont transmises au contrôleur, avec les feuilles d'instruction individuelles ou les états collectifs qui les concernent (art. 61).

* Le directeur joint aux réclamations qui soulèvent des questions difficiles ou qui manquent de précision une note indiquant les faits à constater ou les points à éclaircir. Cette note lui est renvoyée plus tard avec le dossier.

Art. 67. — Dès que le contrôleur a reçu les réclamations, il les inscrit sur ses registres (mod. n° 3), en suivant exactement l'ordre des numéros de la direction. (Circ. du 14 fév. 1827.)

Il analyse chaque demande sur la feuille d'instruction et s'assure qu'elle ne fait pas double emploi soit avec une demande antérieure, soit avec une déclaration déjà reçue à la mairie (art. 30). [Circ. du 19 novembre 1887, n° 704.]

Art. 68. — Les registres de la direction et ceux des contrôleurs doivent présenter l'analyse de chaque demande et recevoir successivement et sans retard, dans les colonnes à ce destinées, l'indication de la marche et des résultats de l'instruction.

Ces diverses mentions doivent être formulées d'une façon claire et suffisamment développée.

Art. 69. — Des registres spéciaux (mod. n°s 26 et 41) sont ouverts par les contrôleurs, pour l'inscription des déclarations faites dans les mairies, et par le directeur, pour l'inscription des états de déclarations ou des réclamations pour plantation ou replantation de vignes. (Circ. du 29 nov. 1888, n° 725, et du 3 mai 1888, n° 712.)

Art. 70. — Les registres de réclamations sont tenus année par année. Les réclamations reçues à la direction après le 31 décembre sont portées sur les registres de l'année suivante. (Circ. du 14 fév. 1827.)

CHAPITRE V

INSTRUCTION DANS LA COMMUNE.

I. — *Réclamations individuelles.* — *États des percepteurs.*

Art. 71. — Le contrôleur prend l'avis du maire et des répartiteurs : sur les demandes en décharge ou en réduction concernant les contributions foncière (propriétés bâties et non bâties), personnelle-mobilière et des portes et fenêtres; sur les demandes à fin d'exemption temporaire, de mutation de cote ou d'inscription au rôle; enfin, sur les états de cotes indûment imposées et de cotes irrécouvrables. (Arrêté du 24 floréal an VIII, art. 4. — Loi du 21 avril 1832, art. 28.)

Doivent aussi être soumises au maire et aux répartiteurs les demandes en décharge ou en réduction relatives : à la taxe des biens de mainmorte; aux redevances sur les mines; à la contribution sur les voitures, chevaux, etc.; à la taxe sur les vélocipèdes; à la taxe des prestations et à la taxe sur les chiens. (Circ du 10 mars 1849, n° 199. — Décret du 6 mai 1811, art. 18 à 48. — Circ. du 15 novembre 1862, n° 418. — Instr. minist. du 29 juin 1893. — Instr. du 24 juin 1836. — Circ. du 2 octobre 1855, n° 342.)

Mais le maire seul est appelé à donner son avis sur les demandes en décharge ou en réduction concernant la contribution des patentes et les taxes assimilées autres que celles indiquées au paragraphe précédent, notamment la taxe sur les billards, la taxe sur les cercles et la taxe militaire. (Loi. du 15 juillet 1880, art. 27. — Circ. du 12 janvier 1872, n° 505. — Décret du 24 février 1894, art. 30.)

C'est également au maire seul que sont soumises toutes les demandes en remise ou en modération.

Le cas échéant, des avis distincts sont consignés par le maire, d'une part, et par les répartiteurs, de l'autre, sur les feuilles d'instruction s'appliquant à plusieurs contributions ou taxes différentes (art. 61).

Art. 72. — La commission des répartiteurs est composée du maire, de l'adjoint et de cinq contribuables fonciers de la commune, dont deux au moins non domiciliés dans ladite commune, s'il s'en trouve de tels. (Loi du 3 frimaire an VII, art. 9.)

Cinq répartiteurs suppléants remplacent au besoin les répartiteurs titulaires. (Circ. du 28 mars 1844, n° 27.)

Art. 73. — Les répartiteurs, titulaires et suppléants, sont nommés chaque année par le sous-préfet sur une liste de vingt noms dressée par le conseil municipal. (Loi du 5 avril 1884, art. 61. — Circ. du 13 juin 1884, n° 658.)

Les répartiteurs en exercice continuent leurs fonctions jusqu'à la nomination de leurs successeurs. Les nouveaux répartiteurs doivent donner leur avis sur toutes les réclamations qui leur sont soumises, alors même qu'elles s'appliquent à des cotes établies par leurs prédécesseurs.

Art. 74. — Les répartiteurs délibèrent en commun à la majorité des suffrages. Leurs délibérations ne sont régulières que s'ils sont au nombre de cinq au moins présents. (Loi du 3 frimaire an VII, art. 23. — Arr. C. 10 février 1888, Couture (Calvados), et 7 mars 1891, Guitton [Seine-et-Marne].)

Si quelques-uns d'entre eux ne savent, ne peuvent ou ne veulent signer, mention en est faite au bas de la délibération, afin de constater le nombre des délibérants.

L'avis des répartiteurs ou celui du maire doit être donné dans un délai de dix jours. (Loi du 2 messidor an VII, art. 20.)

Il doit être motivé.

Art. 75. — A moins que le fait allégué ne soit indiscutable, le contrôleur vérifie chaque réclamation dans la commune même. Il doit, autant que possible, se mettre en rapport avec le réclamant et lui fournir les explications que l'affaire nécessite. (Instr. minist. du 30 septembre 1831.)

Il doit aussi envisager la demande dans son esprit et ne pas s'en tenir étroitement à ses termes. (Circ. du 19 mai 1845, n° 78. — Arr. C. 2 nov. 1877, n° 3005.)

Art. 76. — Dans son avis, le contrôleur examine d'abord la réclamation au point de vue de la forme. Il s'attache ensuite à fournir les indications et les détails nécessaires pour permettre d'apprécier le mérite de la demande quant au fond.

Art. 77. — Lorsqu'il s'agit d'une question de principe, par exemple, d'une exemption légale revendiquée par une personne ou pour une propriété, le contrôleur fait connaître les conditions exactes dans lesquelles se trouvent soit cette personne, soit cette propriété. Il rappelle ensuite les lois, règlements ou décisions qui lui paraissent être applicables dans la circonstance.

Chacun des arrêts qu'il cite doit être indiqué par sa date, par le nom du contribuable et par celui du département et, s'il y a lieu, par le numéro que cet arrêt prend dans le *Recueil officiel*. (Circ. du 15 décembre 1882, n° 634.)

S'il s'agit d'une question de fait, le contrôleur résume les constatations auxquelles il s'est livré ou les renseignements qu'il a recueillis et décrit, le cas échéant, les locaux ou objets sur lesquels portent les contestations; d'après cet exposé, il formule ses conclusions. Lorsqu'une surtaxe est alléguée, il établit par les comparaisons ou les calculs nécessaires que le chiffre attaqué doit être maintenu ou dans quelle proportion il doit être réduit.

Au cas où le réclamant se prétend imposé pour une profession, une industrie ou un commerce autre que celui qu'il exerce, le contrôleur fait connaître le genre et l'importance des travaux ou des opérations du patentable et la nature des objets ou marchandises trouvés chez lui. Il indique, s'il y a lieu, comment se font ses achats et ses ventes et quelle est sa clientèle (marchands en gros, en demi-gros ou en détail, industriels, artisans ou simples particuliers).

Au besoin, il demande au réclamant communication de ses livres de commerce ou de tous autres documents. S'il obtient cette communication, il opère les relevés propres à donner une idée exacte des opérations qu'il s'agit d'apprécier. (Loi du 15 juillet 1880, art. 26.)

Dans les questions de pluralité d'établissements, le contrôleur fait connaître la nature de chacune des professions exercées, la disposition des locaux affectés à chacune d'elles et les attributions du personnel qu'elles occupent respectivement.

Pour les établissements industriels, le contrôleur indique, s'il s'agit du droit fixe, la nature des opérations et l'emploi de l'outillage, le nombre des ouvriers et celui des métiers, meules, machines ou autres éléments de production, la capacité des cuves, fosses, chaudières, etc. A l'égard du droit proportionnel, si l'établissement n'est pas loué ou si son prix de location ne peut être considéré comme en représentant la valeur locative normale, le contrôleur décrit les maisons, magasins et bâtiments d'exploitation; il indique la force des moteurs, ainsi que la nature, l'importance et l'état du matériel qu'ils actionnent. Sur ces données, et en tenant compte des circonstances spéciales à l'établissement, il détermine la valeur locative par voie de comparaison avec des établissements similaires ayant fait l'objet d'actes réguliers, et, à défaut de ces bases, par voie d'appréciation directe, c'est-à-dire à l'aide des prix de construction des bâtiments et de revient de l'outillage, des inventaires, des polices d'assurance, etc.

Le contrôleur doit motiver son avis et en justifier les conclusions, lors même que ces conclusions seraient conformes à celles de la demande ou que le réclamant déclarerait les accepter.

Art. 78. — Pour les contribuables qui ont quitté la commune après le travail des mutations, et qui réclament contre leur impôt personnel-mobilier, le contrôleur fait les recherches ou provoque les communications propres à établir s'ils sont passibles de cet impôt et s'ils y sont assujettis dans leur nouvelle résidence. (Circ. du 31 mars 1886, n° 679.)

Art. 79. — L'instruction des demandes en mutation de cote est faite selon les formes prescrites pour les demandes en décharge ou en réduction. (Loi du 2 messidor an VII, art. 5. — Arrêté du 24 floréal an VIII, art. 1er et 2.)

Les tiers intéressés doivent être mis en cause.

Il en est de même pour l'instruction des demandes en transfert de patente ou de taxe sur les billards. Les droits à transférer sont calculés à partir du jour où l'établissement est passé aux mains du concessionnaire [1]. (Circ. du 31 décembre 1890, n° 770.)

Les demandes ou déclarations à fin d'exemption temporaire (art. 32) sont instruites, au vu des immeubles, par le contrôleur, assisté du maire et des répartiteurs. (Loi du 3 frimaire an VII, art. 119.)

Art. 80. — A l'égard des réclamations pour vacance de maisons ou pour chômage d'usines, le contrôleur s'assure que la perte subie a été indépendante de la volonté du propriétaire. (Loi du 28 juin 1833, art. 5.)

Il ne doit proposer de dégrèvement sur la contribution foncière que si la durée totale de l'inoccupation des maisons a été d'une année au moins et celle du chômage des usines d'au moins un trimestre. Pour la contribution des portes et fenêtres, il suffit que la vacance ou le chômage ait été d'un trimestre. (Circ. du 16 février 1846, n° 113. — Loi du 8 août 1885, art. 35. — Circ. du 30 septembre 1885, n° 674.)

Dans le cas de prolongation de la vacance ou du chômage au delà du temps ci-dessus indiqué, le droit au dégrèvement est acquis en principe pour cette prolongation, même si elle est inférieure à douze mois ou à trois mois.

Les dégrèvements se calculent par jour de vacance ou de chômage, et, s'il y a lieu, d'après les centimes le franc afférents à chaque année [2]; on ne doit en aucun cas les faire remonter à plus de douze mois en deçà des quinze jours ayant précédé la réclamation, ni les étendre à une date postérieure à celle de la présentation de la demande. (Circ. du 18 mai 1854, n° 321.)

En cette matière, les mots *année*, *trimestre* ou *mois* doivent s'entendre d'un nombre de mois ou de jours correspondant à chacune de ces périodes et pouvant d'ailleurs être comptés à partir d'une date quelconque.

---

1. Ce calcul est fait par mois, pour les mois entiers ; en ce qui concerne les mois fractionnés, les droits y afférents sont répartis, le cas échéant, au prorata du nombre de jours pendant lesquels chaque intéressé a exploité l'établissement.
Exemple : Un contribuable, imposé à la patente à partir du 1er avril, soit pour 9 mois, cède son établissement à dater du 8 août. Les droits à transférer se composent : 1° des 4/9es de l'imposition afférents aux mois de septembre, octobre, novembre et décembre; 2° des 24/31es de la part d'imposition correspondant au mois d'août.

2. Exemple : Une maison est restée vacante du 18 octobre 1896 au 17 octobre 1897. Le dégrèvement à allouer se compose : 1° de 75/366es de l'imposition afférente à 1896; 2° de 290/365es de l'imposition afférente à 189...

BIBLIOTHÈQUE NATIONALE R. F. IMPRIMÉS

2

Art. 81. — En ce qui a trait aux demandes en remise pour cause d'indigence ou de gêne, le contrôleur recueille les informations propres à établir la véritable situation des pétitionnaires.

Il s'assure près du percepteur si les cotes dont la remise est demandée ont été soldées en tout ou en partie, et fait connaître dans son rapport, à titre d'élément d'appréciation, la situation du contribuable à cet égard. (Circ. du 18 avril 1889, n° 736.)

Art. 82. — Les états des percepteurs sont instruits dans les communes. (Circ. minist. du 22 mars 1835, et des 21 janvier et 17 mai 1836. — Circ. du 29 novembre 1888, n° 725, et du 9 novembre 1894, n° 861.)

Le contrôleur procède, avec les répartiteurs, à la vérification des faits allégués par le comptable. S'il s'agit de cotes présentées comme irrécouvrables, il rapproche les états de ceux de l'année précédente et s'assure que le percepteur a fait, en temps utile, les diligences nécessaires pour parvenir au recouvrement, soit sur les imposés eux-mêmes, soit sur les tiers responsables.

A l'égard des cotes foncières, il constate la nature des propriétés imposées et vérifie si elles ont produit des fruits ou loyers pouvant servir de gage à l'impôt.

Il s'assure en outre que les frais de poursuites dont la remise est demandée n'ont pas été faits abusivement.

Enfin, après avoir constaté, au vu des rôles, la situation du recouvrement des cotes portées sur les états, il inscrit sur ces états la mention : *Vu les rôles, le.....* (Circ. du 29 novembre 1888, n° 725.)

Art. 83. — Les avis du contrôleur doivent porter l'indication en toutes lettres du montant total des dégrèvements proposés. (Circ. du 24 février 1890, n° 754.)

Aussitôt que l'instruction est terminée, cet agent met au courant ses registres (art. 68) et renvoie les dossiers au directeur.

Ce renvoi doit être effectué dans le plus court délai possible. En aucun cas, le contrôleur ne peut, sans des motifs sérieux, ajourner l'instruction d'une réclamation au delà de l'époque de son premier passage dans la commune qu'elle concerne.

En conséquence, tous les dossiers communiqués à cet agent antérieurement à son passage dans les communes pour la tournée spéciale des taxes assimilées et qui, à cette époque, se trouveraient encore entre ses mains doivent être renvoyés à la direction au fur et à mesure de l'achèvement, dans chaque commune, des opérations de cette tournée. Il en est de même des dossiers reçus antérieurement à la tournée générale des mutations et à celle des patentes.

Si, en raison de circonstances particulières, le contrôleur ne se trouve pas en mesure, pour certaines affaires, de formuler son avis à la suite de son premier passage dans la commune, il fournit au directeur une note faisant connaître explicitement, pour chacune de ces affaires, les causes qui nécessitent l'ajournement de l'instruction.

Art. 84. — Le contrôleur est remplacé dans l'instruction des demandes : par le vérificateur des poids et mesures, à l'égard de cette taxe; par l'ingénieur des mines, pour les redevances sur les mines ; les redevances pour rétribution des délégués mineurs et les droits d'épreuve des appareils à vapeur; par le conseil d'hygiène, pour les droits de visite chez les pharmaciens et droguistes et pour les droits d'inspection des fabriques et dépôts d'eaux minérales. (Circ. minist. du 14 mars 1826. — Décret du 6 mai 1811, art. 45 et 48. — Circ. du 19 janvier 1891, n° 771. — Circ. du 12 mars 1868, n° 468, du 10 août 1887, n° 699, et du 6 avril 1893, n° 834.)

Toutefois, en matière de redevances sur les mines, c'est le contrôleur qui est chargé, le cas échéant, de diriger l'expertise. (Décret du 6 mai 1811, art. 49 et 50.)

II. — *Demandes collectives pour pertes.*

Art. 85. — Lorsque le directeur a reçu les demandes collectives pour pertes (art. 69), il les transmet au contrôleur; il fixe, sur la proposition de cet agent, le jour et l'heure de la vérification et en donne avis au maire et aux commissaires par lettres (mod. n°s 31 et 32).

La date de la vérification doit être postérieure de dix jours au moins à celle de l'avis adressé au maire. Cet avis est accompagné d'affiches (mod. n° 33) à placarder dans la commune.

Si des dommages d'origine multiple ont motivé la présentation de plusieurs demandes pour une même commune, ces demandes doivent être groupées et soumises à une vérification unique, toutes les fois que cela est possible (art. 87). [Circ. du 7 novembre 1895, n° 884.]

Le directeur peut faire remplacer les contrôleurs empêchés et faire aider par un ou plusieurs autres agents ceux dont les divisions auraient été atteintes sur une trop grande étendue, de manière que la constatation des pertes ait lieu à une époque aussi rapprochée que possible de celle des sinistres.

Toutefois, lorsqu'il s'agit de pertes que le temps atténue ou répare naturellement, ou bien lorsque ces pertes ne sont susceptibles d'être appréciées avec exactitude qu'à l'approche de la récolte, il ne doit pas être procédé aux vérifications avant l'époque où elles peuvent être utilement faites. (Circ. du 16 juillet 1827.)

Le concours du service des contributions directes doit d'ailleurs être limité à la vérification des pertes susceptibles de motiver des dégrèvements d'impôt. Ce service n'a donc pas à effectuer la vérification dont il s'agit pour les demandes qui, soit par leur nature, soit en raison de leur présentation tardive, ne peuvent aboutir à aucun dégrèvement. (Circ. du 7 septembre 1850, n° 234. — Déc. minist. du 12 décembre 1893.)

Art. 86. — Dès que le maire est informé du jour et de l'heure fixés pour la vérification, il les annonce dans toutes les parties de la commune par affiches et publications. Il invite par les mêmes voies les perdants à lui remettre un état détaillé de leurs pertes ou à se présenter à la mairie aux jour et heure fixés pour en faire la déclaration devant la commission.

Ces annonces et avis sont renouvelés la veille de la vérification.

Le maire reçoit du directeur le nombre d'affiches nécessaires (art. 85).

Si le contrôleur le juge utile, il peut, après avoir pris l'avis du maire, mettre à la disposition des intéressés des bulletins (mod. n° 30) [1] sur lesquels ceux-ci consignent leurs déclarations.

Art. 87. — Le contrôleur et les commissaires se font assister par le maire et, au besoin, par quelques habitants non intéressés. Ils visitent les lieux, s'il est nécessaire, de manière à se rendre un compte exact de la nature, de l'étendue et de l'importance du sinistre. Ils vérifient les déclarations et dressent un procès-verbal collectif (mod. n° 34) qui présente, avec la liste des perdants, les indications nécessaires pour assurer le calcul des dégrèvements et pour faciliter la distribution des secours par le préfet.

Le contrôleur et les commissaires sont autorisés à suppléer aux déclarations qui n'auraient pas été faites et à compléter celles qui auraient été établies d'une manière incomplète.

Il ne doit être établi qu'un seul procès-verbal pour toutes les pertes, même d'origine différente, ayant fait l'objet d'une vérification unique (art. 85). [Circ. du 7 novembre 1895, n° 884.]

Art. 88. — Pour les propriétés qui sont louées, on inscrit au-dessous du nom du propriétaire celui du fermier, afin que ce dernier puisse, s'il y a lieu, participer à l'allocation des secours. Toutefois, il n'est attribué de numéros d'ordre qu'aux lignes présentant des indications de nature à motiver l'allocation de dégrèvements d'impôt. (Circ. des 12 juin 1856, n° 349, 28 février 1893, n° 831, et 23 mai 1896, n° 891.)

Art. 89. — Les pertes doivent être estimées avec modération et sincérité. Il n'y a pas lieu de tenir compte des dommages qui n'excèdent pas l'importance de ceux que l'ordre naturel des choses peut occasionner.

Avant de se séparer, le contrôleur et les commissaires comparent les résultats de leur travail avec les données générales qu'ils ont pu recueillir sur l'étendue et la gravité du sinistre, tant par la visite des lieux que par le rapprochement des documents statistiques à leur disposition. Ils n'arrêtent définitivement le procès-verbal qu'après avoir acquis l'assurance qu'il ne présente aucune espèce d'exagération.

III. — Déclarations faites dans les mairies à fin de décharge ou de réduction.

Art. 90. — A son passage dans la commune, le contrôleur donne au maire et aux répartiteurs lecture des déclarations reçues (art. 30) et prend leur avis sur chacune de ces déclarations. (Loi du 21 juillet 1887, art. 2. — Circ. du 19 novembre 1887, n° 704.)

Celles que le contrôleur, d'accord avec le maire et les répartiteurs, reconnaît, après examen, être entièrement fondées, sont seules retenues. Celles qui ne paraissent pas exactes, dont l'objet n'est pas suffisamment précisé [2] ou qui ne pourraient être vérifiées immédiatement doivent être

---

1. La forme du bulletin n'est pas arrêtée d'une manière invariable ; elle pourra être modifiée suivant les circonstances locales.

2. Le contrôleur ne doit d'ailleurs pas manquer, toutes les fois que la chose est possible, de mander les intéressés à la mairie pour les mettre à même, le cas échéant, de préciser sur le registre l'objet ou l'étendue de leurs déclarations.

écartées. (Circ. du 19 novembre 1887, n° 704, et du 29 novembre 1888, n° 725.)

Art. 91. — Les déclarations reconnues fondées sont analysées par le contrôleur sur un état de dégrèvement (mod. n° 23), qui est revêtu de l'avis du maire ou des répartiteurs, suivant le cas. Le contrôleur y ajoute son avis personnel, ainsi que les bases et le montant de chacun des dégrèvements qu'il propose. (Circ. du 19 novembre 1887, n° 704.)

Quant aux déclarations écartées, elles font l'objet de lettres d'avis (mod. n° 24) que le contrôleur rédige à l'adresse des déclarants et qu'il laisse au maire, avec un bordereau (mod. n° 25) destiné à constater la remise de ces lettres.

Si des déclarants n'habitent pas la commune, les lettres d'avis les concernant sont envoyées au directeur, pour être transmises au lieu de leur domicile.

Art. 92. — Les déclarations à fin de mutation de cote ou de transfert ne doivent en aucun cas être portées sur l'état (mod. n° 23).

Art. 93. — Le contrôleur arrête ensuite l'état et le transmet au directeur avec les pièces déposées par les déclarants et une copie du bordereau qu'il a remis au maire. (Circ. du 29 novembre 1888, n° 725.)

Il arrête enfin le registre de la mairie et l'annote de la suite donnée à chaque déclaration. (Circ du 19 novembre 1887, n° 704, du 29 novembre 1888, n° 725, et du 26 novembre 1896, n° 899.)

Les déclarations comprises dans les états sont inscrites par le contrôleur sur un registre spécial (mod. n° 26). [Circ. du 29 novembre 1888, n° 725.]

Il est établi un certificat négatif pour les communes dans lesquelles il n'a pas été dressé d'état de dégrèvement (mod. n° 23) au cours de la tournée spéciale des taxes assimilées.

IV. — Déclarations relatives aux plantations ou replantations de vignes.

Art. 94. — Les déclarations faites par les propriétaires et l'état collectif dressé par le directeur (art. 117) sont transmis au contrôleur avant son passage dans la commune. (Circ. du 3 mai 1888, n° 712.)

Le contrôleur vérifie ces déclarations avec le concours des répartiteurs et y porte les revenus cadastraux devant servir de base aux dégrèvements.

Pour celles qui sont reconnues exactes, une mention sommaire est inscrite sur l'état. Pour celles qui paraissent inexactes ou prématurées, les faits constatés sont résumés sur les déclarations qui sont signées des répartiteurs et du contrôleur.

Les déclarations et les états sont alors renvoyés au directeur.

V. — Déclarations relatives aux habitations à bon marché.

Art. 95. — Lors de son passage dans la commune, le contrôleur relève les déclarations reçues (art. 52). A l'aide de feuilles d'instruction (mod. n° 1) dont il est approvisionné par le directeur, il forme un dossier pour chaque déclaration et consigne, sur la première page de la feuille d'instruction, l'analyse de la demande. (Loi du 30 novembre 1894, art. 9. — Circ. du 8 mai 1896, n° 888.)

Les répartiteurs et le contrôleur procèdent ensuite à l'instruction, dans la même forme que pour les réclamations en décharge ou en réduction. Ils déterminent la valeur locative ou le revenu net des constructions nouvelles, objet de la déclaration, tels qu'ils sont définis par l'article 2 de la loi du 31 mars 1896, et donnent leur avis sur la demande.

Si des maisons devant bénéficier de l'exemption temporaire se trouvaient déjà comprises dans les rôles, le contrôleur mentionnerait cette circonstance dans son avis et conclurait, en outre de l'exemption temporaire, à la décharge de la cotisation prématurément établie.

Les dossiers ainsi formés sont inscrits à un compte spécial dans le registre des réclamations du contrôle, annotés du numéro d'ordre de ce compte, puis transmis au directeur.

VI. — *États de transfert de patente et de dégrèvements d'office.*

Art. 96. — Chaque fois que le contrôleur constate qu'il s'est produit une cession d'établissement et que le transfert de la patente, bien qu'étant possible, n'a pas été demandé, il dresse d'office un état spécial (mod. n° 46) sur lequel il détermine les droits à transférer. Ces droits sont calculés à partir du jour où l'établissement est passé aux mains du cessionnaire (art. 79)[1]. [Loi du 8 août 1890, art. 29. — Circ. du 31 décembre 1890, n° 770.]

A son passage dans la commune, le contrôleur revise, avec l'aide du maire et des répartiteurs, l'état (mod. n° 49) des dégrèvements à accorder d'office aux chefs de famille, inscrits à la matrice générale comme étant passibles de la contribution personnelle-mobilière, qui ont au moins sept enfants vivants, mineurs, légitimes ou reconnus (art. 16). Cet état est ensuite transmis au directeur. (Loi du 8 août 1890, art. 31. — Circ. du 14 février 1891, n° 776, et du 26 novembre 1896, n° 899.)

CHAPITRE VI

INSTRUCTION PAR LE DIRECTEUR.

I. — *Réclamations individuelles et demandes collectives pour pertes. États des percepteurs.*

Art. 97. — Le directeur examine les réclamations dès que les dossiers sont rentrés dans ses bureaux. Il s'assure que l'instruction est régulière et que le contrôleur s'est conformé aux indications qu'il lui avait données en lui transmettant les dossiers (art. 66). [Circ. minist. du 30 septembre 1831.]

En ce qui concerne les affaires sur lesquelles le contrôleur n'aurait pas

---

1. Les dégrèvements sont calculés comme il est indiqué ci-dessus à l'article 79.

fourni son avis dans les délais prescrits (art. 83), le directeur examine les motifs invoqués pour justifier l'ajournement de l'instruction et avise aux mesures à prendre pour en hâter l'achèvement.

Si l'instruction d'une demande est incomplète, si les faits n'ont pas été suffisamment éclaircis ou si l'ajournement de l'instruction ne lui paraît pas motivé, il renvoie le dossier au contrôleur en lui prescrivant d'effectuer un supplément de vérification et, au besoin, de retourner dans la commune.

Le chef de service doit également signaler à ses subordonnés les erreurs de principe ou d'appréciation, ainsi que les défectuosités de forme ou de fond qui seraient relevées dans leurs rapports ; mais il ne lui appartient pas de les obliger à modifier leurs conclusions. (Circ. du 7 avril 1852, n° 269.)

Art. 98. — Dans les affaires importantes, et spécialement lorsqu'un désaccord s'est produit entre le maire ou les répartiteurs et le contrôleur, il charge l'inspecteur du supplément d'instruction qu'il juge nécessaire. (Circ. minist. du 30 septembre 1831.)

Art. 99. — Le directeur forme une liasse spéciale des réclamations en décharge ou en réduction, y compris celles qui ont été instruites par des agents ou fonctionnaires autres que les contrôleurs (art. 84), sur lesquelles le maire ou les répartiteurs ont donné un avis entièrement favorable et qui lui paraissent à lui-même susceptibles d'être intégralement accueillies (art. 160). [Loi du 6 décembre 1897, art. 13. — Circ. du 10 décembre 1897, n° 916.]

Art. 100. — Sur toutes les autres réclamations il fait un rapport et formule ses conclusions dès que l'instruction lui paraît complète. Le rapport doit contenir le résumé et la discussion des faits constatés ; les conclusions doivent être fondées sur les lois, règlements ou décisions s'appliquant à l'espèce. (Loi du 21 avril 1832, art. 29.)

Les arrêts invoqués sont cités avec précision. (Circ. du 15 décembre 1882, n° 634.)

Le montant des dégrèvements proposés est énoncé en toutes lettres. (Circ. du 24 février 1890, n° 754.)

Pour les questions de recouvrement, le directeur doit toujours prendre au préalable l'avis du trésorier-payeur général, même dans le cas où les prétentions du contribuable ne lui paraîtraient pas justifiées.

Art. 101. — Lorsque des contribuables ont changé de département après le travail des mutations, le directeur adresse au besoin à ses collègues les communications nécessaires pour établir la situation contributive des réclamants, dans leur nouvelle résidence, à l'égard de l'impôt personnel-mobilier. (Circ. du 31 mars 1886, n° 679.)

Art. 102. — Si, contrairement à l'avis du maire ou des répartiteurs, le directeur conclut à l'admission pure et simple de la demande, il envoie immédiatement le dossier au conseil de préfecture pour décision. (Loi du 21 avril 1832, art. 29.)

Art. 103. — S'il propose, au contraire, soit de la rejeter, soit de ne l'accueillir qu'en partie, il transmet le dossier au préfet ou au sous-préfet pour dépôt avec une lettre d'envoi (mod. n° 4). En même temps il notifie ce dépôt au réclamant par une lettre d'avis (mod. n° 5). [Loi du 21 avril 1832, art. 29.]

Si le réclamant a donné à un tiers, domicilié dans le département, mandat de le représenter dans l'instance, la lettre d'avis est adressée au mandataire.

Cette lettre doit énoncer d'une manière explicite les motifs sur lesquels sont fondées les conclusions du directeur. Elle informe le réclamant qu'un délai de dix jours lui est accordé pour prendre connaissance du dossier, fournir ses observations, s'il le juge à propos, et pour déclarer s'il entend recourir à l'expertise. Mention y est faite des droits qui lui appartiennent à cet égard (art. 129), ainsi que des dispositions légales relatives au payement des frais d'expertise. Enfin, le pétitionnaire y est invité à faire connaître s'il désire présenter des observations orales devant le conseil de préfecture. (Lois du 22 juillet 1889, art. 11, et du 17 juillet 1895, art. 16. — Circ. du 9 août 1895, n° 882.)

Art. 104. — Lorsque la demande est reconnue fondée en totalité ou en partie et que le rejet en est proposé pour défaut de timbre, de signature, de mandat, etc. (art. 57), la lettre portant avis du dépôt doit mettre l'intéressé en demeure de régulariser sa réclamation et lui fournir, à cet effet, toutes les indications nécessaires.

Il en est de même pour le cas de défaut de timbre ou d'enregistrement du mandat (art. 25).

Art. 105. — Pour les demandes en mutation de cote et en transfert de patente ou de taxe sur les billards (art. 79), des lettres d'avis de dépôt sont envoyées à tous les intéressés.

Art. 106. — Dans les cas visés aux articles précédents, le dépôt du dossier et la notification de ce dépôt aux parties ou à leur mandataire sont obligatoires, à peine de nullité de la décision. (Circ. du 27 janvier 1844, n° 22. — Arr. C. 24 avril 1874, n° 2488.)

Art. 107. — Ces formalités ne sont toutefois applicables qu'aux demandes en décharge ou en réduction, à l'exclusion des demandes en remise ou en modération et des états des percepteurs.

Au cas cependant de vacance ou de chômage, d'incendie, de démolition, etc., le directeur apprécie s'il convient, dans l'intérêt de l'instruction, que le réclamant soit mis à même de fournir ses observations. Il lui adresse dans ce cas une lettre d'avis spéciale [1].

Art. 108. — Les observations produites par les réclamants eux-mêmes sont exemptes des droits de timbre et d'enregistrement ; mais les mémoires qu'ils font présenter, en leur nom, par des agents d'affaires ou autres mandataires doivent être timbrés et enregistrés. L'enregistrement est toutefois gratuit, s'il s'agit de cotes n'excédant pas 100 fr. (Loi du 16 juin 1824, art. 6. — Circ. du 12 février 1873, n° 524, et du 25 mars 1881, n° 605.)

Art. 109. — Le dépôt du dossier et la notification de ce dépôt au réclamant doivent être renouvelés, lorsque, dans la suite de l'instruction et notamment après l'expertise (art. 141) des faits, des chiffres ou des moyens nouveaux sont invoqués à l'encontre de la réclamation. (Circ. du 27 janvier 1844, n° 22, et du 18 avril 1889, n° 736.)

---

1. On peut, dans ce cas, faire usage de la lettre d'avis (*mod. n° 5*), mais en ayant soin de ne laisser subsister, dans la deuxième partie du texte imprimé, que les mots : *Il vous est accordé* **dix jours**, *à partir de la réception de la présente lettre, pour prendre connaissance du dossier et fournir des observations, si vous le jugez à propos.*

Art. 110. — Les lettres d'avis de dépôt sont envoyées aux maires, pour être remises par leurs soins aux intéressés. Elles sont accompagnées de bordereaux (mod. n° 6) destinés à recevoir l'indication de la date de cette remise. (Circ. du 4 mai 1844, n° 35, et du 5 février 1883, n° 639)

Ces bordereaux sont inscrits sur un carnet (mod. n° 7) qui est annoté de leurs dates d'envoi et de retour. (Circ. du 5 février 1883, n° 639.)

Art. 111. — La durée utile du dépôt ne commençant qu'à partir de la remise de la lettre d'avis au réclamant ou à son mandataire (art. 103), et devant être de dix jours au moins, les dossiers restent déposés pendant quinze jours à dater de leur envoi. Ce délai expiré, ils sont renvoyés au directeur, avec les observations des réclamants ou l'attestation, par le préfet ou par le sous-préfet, qu'ils n'en ont pas produit. (Arr. C. 14 janvier 1893, Calon [Seine-et-Oise].)

Dans ce dernier cas, le directeur transmet aussitôt les dossiers au conseil de préfecture, après s'être assuré, au vu des bordereaux renvoyés par les maires (art. 110), que la durée utile du dépôt a été de dix jours au moins [1].

Si des observations ont été présentées, le directeur rédige un second rapport, après avoir, au besoin, demandé au contrôleur un nouvel avis ou chargé l'inspecteur d'un supplément d'information (art. 97 et 98).

Lorsqu'un mandat non timbré ou non enregistré a été produit à l'appui d'une réclamation signée par le mandataire seul et que le vice de forme n'a pas été couvert à la suite du dépôt du dossier (art. 104), le directeur propose au conseil de préfecture ou au préfet d'assigner à l'intéressé un délai pour faire régulariser le mandat, et de se borner, si la régularisation n'a pas été effectuée dans ce délai, à déclarer qu'il n'y a pas lieu de statuer sur la réclamation (art. 25). [Déc. minist. du 3 décembre 1895.]

Art. 112. — Les demandes individuelles en remise ou en modération sont envoyées au préfet, dès que l'instruction en est complète.

Lorsqu'il s'agit de contribuables invoquant leur état de gêne, le directeur s'assure que le contrôleur a fait les recherches prescrites à l'article 81, pour constater l'état du recouvrement des cotes. (Circ. du 18 avril 1889, n° 736.)

Les demandes collectives pour pertes sont de même transmises au préfet pour décision, dès qu'elles sont instruites.

Art. 113. — C'est également au préfet que sont soumises les demandes en transfert de patente ou de taxe sur les billards (art. 5), pour y être statué, suivant les cas, par ce magistrat ou par le conseil de préfecture (art. 162 et 164). [Loi du 15 juillet 1880, art. 28. — Décret du 27 décembre 1871, art. 2. — Circ du 12 janvier 1872, n° 505.]

II. — *Déclarations faites dans les mairies à fin de décharge ou de réduction.*

Art. 114. — Le directeur examine les états que les contrôleurs lui ont

---

1. Si cette condition n'avait pas été remplie, il serait indispensable de procéder à un nouveau dépôt.

transmis (art. 93) et s'assure que les propositions de ces agents sont justi-fiées. (Loi du 21 juillet 1887, art. 2. — Circ. du 19 novembre 1887, n° 704.)

Art. 115. — Il raye de ces états les articles qui ne lui paraissent pas devoir y être maintenus et adresse, dans ce cas, aux déclarants des lettres d'avis (mod. n° 27) qu'il accompagne de bordereaux (mod. n° 25). [Circ. du 19 novembre 1887, n° 704.]

Art. 116. — Afin de pouvoir apprécier la recevabilité des réclamations que les déclarants viendraient à produire ultérieurement dans la forme or-dinaire, le directeur surveille la rentrée des bordereaux remis ou adressés aux maires (art. 93 et 115). [Circ. du 19 novembre 1887, n° 704.]

III. — Déclarations relatives aux plantations ou replantations de vignes.

Art. 117. — Les déclarations reçues (art. 56) sont transmises par le préfet au directeur, qui en dresse par commune un état (mod. n° 38) rédigé dans l'ordre des folios de la matrice cadastrale et présentant le détail de toutes les parcelles déclarées comme plantées ou replantées en vignes. (Décret du 2 mai 1888, art. 9. — Circ. du 3 mai 1888, n° 712.)

Les déclarations produites tardivement sont mises en réserve pour être portées sur l'état de l'année suivante, et des lettres d'avis (mod. n° 39) sont adressées aux déclarants, afin de leur permettre de réclamer, s'il y a lieu, dans la forme ordinaire. Ces lettres sont accompagnées de bordereaux (mod. n° 40) destinés aux maires. (Décret du 2 mai 1888, art. 6. — Circ du 3 mai 1888, n° 712.)

Les états de déclarations sont alors rapprochés des états de sections, qui ont dû être annotés des exemptions déjà acquises. Ils sont ensuite transmis aux contrôleurs (art. 94), après inscription sur le registre de la direction (mod. n° 41). [Décret du 2 mai 1888, art. 9. — Circ. du 3 mai 1888, n° 712.]

Art. 118. — Dès que ces états lui ont fait retour (art. 94), le directeur en raye les parcelles à l'égard desquelles les déclarations n'ont pas été re-connues exactes ou qui ont donné lieu à un désaccord entre les répartiteurs et le contrôleur. Il complète ensuite les états et les transmet au préfet pour décision. (Décret du 2 mai 1888, art. 10. — Circ. du 3 mai 1888, n° 712.)

Art. 119. — Lorsque le préfet a statué, les déclarations sur lesquelles figuraient des parcelles rayées des états collectifs font l'objet de dossiers individuels (mod. n° 42), qui sont soumis à l'examen du comité technique. (Décret du 2 mai 1888, art. 11. — Circ. du 3 mai 1888, n° 712.)

Celles qui sont admises par le comité sont portées sur des états supplé-mentaires (mod. n° 43), qui sont transmis au préfet.

Celles qui sont écartées donnent lieu à l'envoi de lettres d'avis et de bordereaux (art. 117). [Circ. du 3 mai 1888, n° 712.)

S'il se produit alors des réclamations, le directeur les analyse sur les dossiers individuels déjà ouverts et les inscrit dans la seconde partie de son registre (art. 69). [Décret du 2 mai 1888, art. 12. — Circ. du 3 mai 1888, n° 712.]

L'instruction en est faite ensuite dans la forme ordinaire.

Art. 120. — Enfin des bulletins individuels (mod. n° 44) sont établis au nom des contribuables qui ont été reconnus avoir droit à l'exemption. Ces bulletins sont mis au courant chaque année et servent au calcul des dégrèvements pendant la période légale d'exemption. (Décret du 2 mai 1888, art. 13. — Circ. du 3 mai 1888, n° 712.)

IV. — *Déclarations relatives aux habitations à bon marché.*

Art. 121. — Les dossiers formés par les contrôleurs (art. 95) sont transmis au directeur qui les inscrit, dans les registres de réclamations de la direction, à un compte spécial établi rigoureusement d'après les numéros d'ordre attribués aux dossiers par le contrôleur. (Loi du 30 novembre 1894, art. 9. — Circ. du 8 mai 1896, n° 888.)

Le directeur procède ensuite à l'instruction des demandes selon les règles applicables aux réclamations en décharge ou en réduction. Toutefois, lorsqu'il s'élève des doutes sur la question de savoir si les maisons présentent les conditions de salubrité voulues, il peut, au préalable, demander au préfet de provoquer l'avis du conseil d'hygiène.

Si des maisons devant bénéficier de l'exemption temporaire se trouvaient déjà comprises dans les rôles, le directeur mentionnerait cette circonstance dans son rapport et proposerait au conseil de préfecture, non seulement d'accorder l'exemption temporaire, mais de prononcer également la décharge de la cotisation prématurément établie.

V. — *États de transfert de patente.*

Art. 122. — Les états de transfert dressés par les contrôleurs (art. 96) sont transmis au directeur, qui les inscrit sur ses registres de réclamations, vérifie le calcul des droits à transférer et envoie les états aux maires pour dépôt, en les accompagnant de lettres d'avis (mod. n° 47) destinées aux intéressés et de bordereaux (art. 110). [Loi du 8 août 1890, art. 29. — Circ. du 31 décembre 1890, n° 770.]

Cette transmission s'effectue par l'intermédiaire des contrôleurs, qui inscrivent alors les états sur les registres de réclamations dans l'ordre des numéros donnés par le directeur. (Circ. du 31 décembre 1890, n° 770.)

A l'expiration du délai de dépôt, les états sont renvoyés par les maires au directeur, qui s'assure de la rentrée des bordereaux, arrête les états et les transmet au préfet pour décision. (Circ. du 31 décembre 1890, n° 770.)

S'il a été produit des observations, le directeur les communique, au besoin, au contrôleur pour avoir ses explications. Le dépôt est également renouvelé, s'il y a lieu. (Circ. du 31 décembre 1890, n° 770.)

VI. — *Dégrèvements d'office.*

Art. 123. — Les états de dégrèvements d'office (mod. n° 48), dressés par les directeurs en vertu de l'article 3 de la loi du 21 juillet 1887, ne doivent comprendre que les cotes qui sont reconnues former double emploi ou avoir été mal établies dans les matrices par suite d'erreurs matérielles d'écritures ou de taxation[1]. Ces états doivent être revêtus de l'avis du maire ou des répartiteurs et de celui du contrôleur. (Loi du 21 juillet 1887, art. 3. — Circ. du 19 novembre 1887, n° 704.)

Si des réclamations individuelles ont été produites à l'égard des cotes dont il s'agit, le directeur s'abstient d'établir un état de dégrèvement d'office, à moins que ces réclamations ne soient entachées d'un vice de forme susceptible de les rendre irrecevables.

Lorsque l'erreur commise s'étend à deux départements, celui des directeurs qui l'a relevée le premier se concerte avec son collègue pour en assurer la rectification. (Circ. du 19 novembre 1887, n° 704.)

Le directeur vérifie les états spéciaux de dégrèvement (mod. n° 49) mentionnés à l'article 16, au profit des familles de sept enfants. (Loi du 8 août 1890, art. 31. — Circ. du 14 février 1891, n° 776, et du 26 novembre 1896, n° 899.)

Il assure également, à partir de la seconde année, l'allocation, d'office, des dégrèvements dus pour cause d'exemption temporaire (art. 33 et 120). [Circ. du 24 juin 1861, n° 399, et du 3 mai 1888, n° 712.]

CHAPITRE VII

EXPERTISE.

Art. 124. — Tout contribuable en réclamation devant le conseil de préfecture a le droit de demander une vérification par experts, quel que soit l'objet du litige. (Loi du 21 avril 1832, art. 29. — Circ. du 6 septembre 1845, n° 99.)

Art. 125. — Cependant, si la réclamation demeure entachée d'un vice de forme qui la rende irrecevable, il peut être passé outre, à moins que l'expertise ne doive porter précisément sur ce vice de forme. (Arr. C. 29 janvier 1886, Roullier [Seine].)

Il en est de même quand le réclamant ne soulève qu'une question de droit qui échappe à la compétence des experts, ou lorsque les faits invoqués ne sont pas de nature, même si l'exactitude en était établie, à motiver l'admission de la réclamation. (Arr. C. 28 mai 1860, Bastien [Nord], 4 mai 1894, Jacquier [Isère], et 18 janvier 1895, Sibut [Isère].)

Art. 126. — Le conseil de préfecture peut valablement statuer, sans qu'il ait été procédé à l'expertise, si ce moyen de vérification a été réclamé, pour la première fois, plus de dix jours après la remise à l'intéressé de la lettre l'informant que le dossier de sa réclamation était déposé à la préfecture ou à la sous-préfecture (art. 103 et 111). [Arr. C. 26 décembre 1891, Richard (Seine).]

---

1. On peut cependant faire également emploi d'états (*mod. n° 48*) pour l'allocation en dégrèvement des diverses impositions qui auraient été indûment établies au nom d'agents des corps diplomatique et consulaire.

Art. 127. — L'expertise peut être ordonnée d'office par le conseil de préfecture, même dans le cas d'un accord entre le réclamant et l'Administration. (Arr. C. 23 février 1895, Communauté des frères de Sainte-Marie-de-Thonon [Haute-Savoie].)

De son côté, le directeur propose au conseil d'ordonner cette vérification, s'il estime qu'elle soit nécessaire pour la manifestation de la vérité.

Art. 128. — L'expertise est faite par trois experts, à moins que les parties ne consentent qu'il y soit procédé par un seul. Dans ce dernier cas, l'expert est nommé par le conseil de préfecture. (Loi du 17 juillet 1895, art. 16. — Circ. du 9 août 1895, n° 882.)

Si l'expertise est confiée à trois experts, l'un d'eux est nommé par ce conseil et chacune des parties est appelée à nommer son expert.

En matière de réclamations sur contributions directes, l'expression *parties* doit s'entendre, en général, du réclamant, d'une part, et de l'Administration, de l'autre. Toutefois, si le litige n'intéresse que des contribuables, comme cela peut se produire notamment pour les demandes en mutation de cote ou en transfert, l'Administration, ne pouvant alors être considérée comme partie, n'a pas à désigner d'expert lorsque l'expertise est demandée ou ordonnée.

Art. 129. — En informant les contribuables du dépôt des dossiers à la préfecture ou à la sous-préfecture (art. 103), le directeur les met en demeure de déclarer s'ils entendent recourir à l'expertise et, dans le cas de l'affirmative, d'indiquer s'ils désirent que cette opération soit confiée à un seul expert ou à trois experts. Il les invite enfin, dans cette dernière hypothèse, à désigner leur expert. (Circ. du 9 août 1895, n° 882.)

Art. 130. — Lorsque l'expertise est réclamée, le directeur examine à nouveau l'affaire, afin de voir si les conclusions déjà prises pourront être maintenues. Au besoin, il prescrit un supplément d'instruction (art. 97 et 98).

Art. 131. — Si la nécessité de l'expertise est définitivement reconnue, le directeur transmet le dossier au conseil de préfecture en priant ce tribunal de désigner l'expert dont la nomination lui appartient. Il a soin de joindre au dossier une déclaration écrite contenant, suivant les cas, soit son adhésion à la demande de vérification par un seul expert qui aurait été faite par le réclamant, soit la désignation de l'expert par lui choisi au nom de l'Administration. (Circ. du 9 août 1895, n° 882.)

Dans le cas exceptionnel où il croirait devoir refuser son adhésion à la vérification par un seul expert demandée par le réclamant, le directeur en informe celui-ci, ou son mandataire domicilié dans le département par une lettre (mod. n° 8) transmise suivant les règles usitées pour les lettres d'avis de dépôt (art 103) et il fait connaître son refus au conseil de préfecture dans la déclaration prévue au paragraphe précédent.

Art. 132. — Les experts ne sont pas tenus de prêter serment. (Arr. C. 21 novembre 1896, Bornard [Allier].)

Art. 133. — Lorsque le directeur lui a envoyé un dossier pour procéder à l'expertise, le contrôleur fixe le jour et l'heure où il se rendra dans la commune. Il en prévient, au moins dix jours à l'avance, par lettres spéciales, les experts, le maire et le réclamant, et se fait accuser réception de ces convocations. (Loi du 2 messidor an VII, art. 23 et 36.)

Il notifie en même temps au réclamant les noms et qualités de l'expert nommé par le conseil de préfecture et, le cas échéant, de celui qui a été choisi par l'Administration ; il l'informe également qu'il a la faculté d'assister à la vérification ou de s'y faire représenter par un fondé de pouvoir. (Circ. du 9 août 1895, n° 882.)

Si la réclamation a été soumise aux répartiteurs (art. 71), le contrôleur invite le maire à leur faire désigner deux d'entre eux pour assister à l'expertise. Dans les autres affaires, le maire seul est convoqué. (Arrêté du 24 floréal an VIII, art. 5 et 10.)

Art. 134. — Si la récusation d'un expert est demandée au conseil de préfecture par l'une des parties, il est sursis à l'expertise jusqu'à ce que le conseil ait prononcé sur cette demande.

Art. 135. — L'expertise a lieu au jour et à l'heure fixés. Le contrôleur en dresse un procès-verbal (mod. n° 9). [Arrêté du 24 floréal an VII, art. 6.]

Si le maire ou les répartiteurs, le réclamant ou son fondé de pouvoir, ne se présentent pas, il en est fait mention sur le procès-verbal. Il est ensuite passé outre.

Mention est également faite de leur départ, s'ils se retirent au cours de l'opération.

Art. 136. — Le contrôleur donne lecture aux experts de la réclamation, des avis exprimés et des autres pièces du dossier. Il leur fait nettement connaître la nature de la contestation et leur cite, au besoin, les lois, règlements ou décisions applicables à l'espèce.

Il indique aussi aux experts quelle est ou quelle pourra être la quotité du dégrèvement demandé et les engage à limiter leurs investigations à l'objet précis du débat, en leur rappelant que le travail utile doit être seul rémunéré. (Circ. du 18 avril 1889, n° 736. — Arr. C. 21 novembre 1879, n° 3197.)

Art. 137. — Les experts doivent s'attacher essentiellement à la constatation des faits.

Ils ne rempliraient pas leur mission, s'ils se bornaient à émettre un avis non motivé.

Dans aucun cas, ils ne peuvent se dispenser de se rendre sur les lieux et d'examiner les locaux ou objets sur lesquels porte le litige. (Arrêté du 24 floréal an VIII, art. 5. — Arr. C. 29 juin 1877, n° 2896.)

Les termes de comparaison cités de part et d'autre doivent aussi être examinés. Il en est de même pour ceux indiqués soit par le maire ou les répartiteurs, soit par le contrôleur. (Arr. C. 7 décembre 1877, Martin [Ardèche].)

Les termes de comparaison peuvent être pris en dehors de la commune, à moins qu'il ne s'agisse d'un impôt de répartition. (Arr. C. 18 juin 1880, Ministre des finances contre Dermigny [Somme] et 29 novembre 1889, Lachèvre [Eure].)

Mais un expert peut refuser de se rendre dans un autre département pour y examiner des termes de comparaison, le parcours effectué en dehors des limites du département n'entrant pas en compte pour les frais de transport (art. 147). [Arr. C. 30 novembre 1896, de Chabannes (Rhône).]

Art. 138. — Le contrôleur doit provoquer toutes les recherches nécessaires pour rendre l'expertise complète et pour permettre d'apprécier sûrement le mérite de la réclamation.

Il a soin d'inscrire au procès-verbal la date et la durée de chaque séance, et d'y consigner exactement les résultats des constatations faites, les dires des experts, les observations du maire ou des répartiteurs et celles du réclamant ou de son mandataire ainsi que les incidents qui viendraient à se produire.

Il doit, en un mot, prendre toutes les précautions nécessaires pour fixer définitivement par le procès-verbal, qui est dans l'espèce le document essentiel et le seul exigé par la loi, les résultats matériels de l'expertise, de telle sorte que ces résultats ne puissent plus être l'objet d'aucune contestation et que, si les experts croient devoir présenter néanmoins des rapports séparés, ils n'aient pas à reproduire en détail les faits, mais seulement à les apprécier et à conclure. (Circ. du 9 août 1895, n° 882.)

Art. 139. — Si les experts demandent à fournir des rapports séparés, il leur est accordé, en principe, un délai de cinq jours pour le dépôt de ces rapports. Le contrôleur fait alors connaître aux experts leurs obligations au point de vue des droits de timbre et d'enregistrement (art. 142). [Loi du 2 messidor an VII, art. 113.]

Le procès-verbal est enfin soumis à la signature de toutes les personnes qui ont pris part à l'expertise. Mention y est faite de celles qui ne veulent ou ne peuvent signer et, le cas échéant, des motifs de leur abstention.

Lorsque les opérations de l'expertise ne peuvent être effectuées sans interruption, la partie du procès-verbal relative à chaque séance ou à chaque journée doit, autant que possible, être arrêtée et signée par les personnes présentes, sans attendre l'achèvement des opérations.

Art. 140. — Lorsque les rapports séparés des experts lui sont parvenus, le contrôleur joint ces rapports au dossier.

Il fournit ensuite son avis personnel, dans lequel il examine les résultats de la vérification et discute les avis exprimés de part et d'autre. Le dossier est enfin renvoyé au directeur, avec l'indication du temps consacré au travail en commun ainsi que des distances parcourues par les experts, et, s'il y a lieu, avec les notes de frais par eux fournies.

Art. 141. — Dès qu'il a reçu les pièces de l'expertise, le directeur fait son rapport et transmet le dossier au conseil de préfecture.

Au besoin, il effectue un nouveau dépôt de ce dossier (art. 109), afin de permettre au réclamant de discuter les résultats de l'expertise. (Circ. du 18 avril 1889, n° 736.)

Art. 142. — Les procès-verbaux dressés par les contrôleurs (art. 135) sont affranchis des droits de timbre et d'enregistrement ; mais les rapports séparés fournis par les experts doivent être timbrés et enregistrés. Ces rapports sont toutefois enregistrés gratis, s'il s'agit de cotes n'excédant pas 100 fr. (art. 108). [Circ. du 12 février 1873, n° 524, et du 25 mars 1881, n° 605. — Loi du 16 juin 1824, art. 6.]

Le directeur doit veiller à l'accomplissement de ces formalités. Il fait au besoin l'avance des droits exigibles, qui lui sont remboursés lors de la liquidation des frais. (Circ. du 12 février 1873, n° 524.)

CHAPITRE VIII

ATTRIBUTION ET RÈGLEMENT DES DÉPENS.

I. — *Frais d'expertise.*

Art. 143. — Les frais d'expertise sont supportés par la partie qui succombe. Ils peuvent, en raison des circonstances de l'affaire, être compensés en tout ou en partie. (Loi du 17 juillet 1895, art. 16. — Circ. du 9 août 1895, n° 882.)

A moins de circonstances particulières, le réclamant doit être considéré comme succombant dans ses prétentions, s'il n'obtient pas un dégrèvement plus élevé que celui qui avait été proposé par le directeur avant l'expertise. (Arr. C. 2 décembre 1887, n° 3505.)

C'est le conseil de préfecture qui attribue les frais d'expertise ou les compense entre les parties. (Loi du 22 juillet 1889, art 62.)

Art. 144. — La liquidation et la taxe de ces frais sont faites, dans tous les cas, par le président du conseil de préfecture, conformément au tarif et aux règles ci-après (art. 145 à 148). Mais les experts ou les parties peuvent, dans le délai indiqué à l'article 46, attaquer ce règlement devant le conseil de préfecture statuant en chambre du conseil. (Loi du 22 juillet 1889, art. 23. — Circ. du 1er février 1890, n° 751. — Arr. C. 19 janvier 1894, Dumortier [Rhône].)

Art. 145. — Les frais d'expertise ne peuvent comprendre, outre les allocations dues aux experts pour vacations et pour transport, que les droits de timbre et d'enregistrement avancés par les experts, ainsi que leurs menues dépenses de port de lettres et autres. (Loi du 22 juillet 1889, art. 64. — Décret du 18 janvier 1890, art. 7.)

Art. 146. — Il est alloué à chaque expert, par vacation de trois heures : s'il est domicilié dans le département de la Seine, ou dans une ville de plus de 100,000 habitants, 8 fr. ; s'il est domicilié dans une ville de plus de 30,000 habitants, 7 fr. ; ailleurs, 6 fr. (Décret du 18 janvier 1890, art. 2.)

Il ne peut être taxé aux experts plus de trois vacations par jour à la résidence et de quatre hors de la résidence. Ils ont droit, en outre, à une vacation pour dépôt de leur rapport.

Art. 147. — Il est alloué aux experts pour frais de transport (Décret du 18 janvier 1890, art. 5) :

1° En chemin de fer, 20 centimes par kilomètre ;

2° Sur les routes ordinaires, 40 centimes par kilomètre.

La première taxe est applicable de droit, quand le parcours est desservi par une voie ferrée.

Le parcours effectué en dehors des limites du département n'entre pas en compte.

Art. 148. — Les frais avancés par les experts (art. 145) leur sont remboursés sur état. (Décret du 18 janvier 1890, art. 7.)

Les experts ne peuvent rien réclamer pour s'être fait aider par des copistes, dessinateurs, toiseurs, porte-chaînes, etc. (Décret du 18 janvier 1890, art. 8.)

Art. 149. — En procédant à la taxe, le président du conseil de préfecture réduit les frais, s'ils lui paraissent excessifs. (Décret du 18 janvier 1890, art. 9.)

Il n'admet en taxe ni les opérations, visites ou plans inutiles, ni les longueurs dans les rapports. (Décret du 18 janvier 1890, art. 9.)

Art. 150. — Le directeur mentionne, sur l'arrêté du président du conseil de préfecture qui lui est adressé, la date de la réception de ce document. Dans les trois jours de cette date, il soumet au conseil de préfecture des conclusions tendant à faire réformer la liquidation des frais, s'il estime qu'elle soit de nature à léser, même éventuellement, les intérêts de l'Administration (art. 10 et 144). [Circ. du 7 juillet 1896, n° 892.]

Il notifie sans retard ledit arrêté aux experts ainsi qu'aux parties ou à leur mandataire, s'il est domicilié dans le département (art. 103), au moyen de lettres (mod. n° 10), en se conformant, pour l'envoi de ces lettres, aux règles concernant le dépôt des dossiers (art. 110). Sur la demande qu'il adresse au préfet dès que le délai d'opposition est expiré pour tous les intéressés, ce magistrat prend un arrêté prescrivant aux comptables d'avancer les frais d'expertise. Cet arrêté est remis au directeur, qui le fait parvenir au percepteur ou au receveur municipal par l'intermédiaire de la trésorerie générale.

Art. 151. — L'avance des frais d'expertise est faite, savoir : par le receveur municipal et sur les fonds de la commune, lorsque l'expertise a porté exclusivement sur des impôts de répartition ou sur des taxes communales; par le percepteur et sur les fonds du Trésor, dans les autres cas. (Arrêté du 24 floréal an VIII, art. 21. — Circ. du 7 juillet 1896, n° 892.)

Art. 152. — Les frais mis à la charge du réclamant sont recouvrés sur lui par le percepteur, en vertu d'un arrêté préfectoral enjoignant au redevable de se libérer dans le délai d'un mois ; à défaut de payement dans ce délai, ils donnent lieu aux mêmes poursuites que les cotes auxquelles ils se rapportent ; ils peuvent, de même que ces cotes, être alloués en non-valeurs, sur la demande du comptable, dans le cas d'irrécouvrabilité dûment constatée. L'arrêté préfectoral est transmis au percepteur suivant la marche indiquée ci-dessus [art. 150]. Si la liquidation n'a pas été effectuée avant la décision du conseil de préfecture sur le litige, le préfet peut prescrire à la fois, par un même arrêté, l'avance des frais et leur recouvrement sur le réclamant. (Loi du 2 messidor an VII, art. 225. — Arrêté du 24 floréal an VIII, art. 20. — Arr. C. 17 juillet 1885, Carraud [Vendée]. — Circ. du 7 juillet 1896, n° 892.)

Quant aux frais mis à la charge de l'Administration, ils doivent être acquittés par le Trésor, s'ils concernent un impôt de quotité ou une taxe perçue au profit de l'État; par la commune, s'ils concernent un impôt de répartition ou une taxe communale. Dans le premier cas, le directeur établit, au nom du trésorier-payeur général, une ordonnance sur les crédits du chapitre pour dégrèvements et non-valeurs. Dans le second cas, la transformation de l'avance en dépense effective a lieu au moyen d'un ordonnancement par le maire sur un crédit du budget communal ; en outre, s'il s'agit d'un impôt de répartition, les frais sont imposés dans le rôle de

3

l'année suivante, par les soins du directeur, comme charge locale. (Arrêté du 24 floréal an VIII, art. 19. — Circ. du 7 juillet 1896, n° 892.)

II. — *Frais de timbre des demandes en décharge ou en réduction.*

Art. 153. — En ce qui concerne les réclamations en décharge ou en réduction de contributions directes ou de taxes assimilées, les frais de timbre de la demande introductive d'instance, sauf le cas d'exemption de ces frais (art. 17 à 20), sont compris dans les dépens de l'instance. (Loi du 29 mars 1897, art. 44.)

Art. 154. — Doivent seules être considérées comme réclamations en décharge ou en réduction, les demandes tendant à faire décider par le conseil de préfecture ou par le directeur, soit que le pétitionnaire a droit à un dégrèvement pur et simple motivant l'émission d'une ordonnance ; soit qu'il a été indûment imposé, par suite d'une mutation faite d'office et inexacte, pour une cotisation due par un autre contribuable ; soit qu'il a été à tort mis en demeure ou contraint personnellement d'acquitter la totalité ou une partie de cotisations imposées au nom d'un tiers (art. 8 et 9). [Circ. du 5 août 1897, n° 909.]

En conséquence, l'article 153 n'est pas applicable : aux demandes en mutation de cote, sauf l'exception prévue au paragraphe précédent pour les mutations d'office ; aux demandes en transfert ; aux demandes en inscription au rôle ; à celles des demandes en exemption temporaire qui ont seulement pour objet de garantir le pétitionnaire contre une augmentation éventuelle d'impôt, dans le cas de la réfection du cadastre (art. 4, § 2).

Les dispositions de l'article 153 ne doivent pas non plus être appliquées aux réclamations dirigées contre une imposition qui n'a été maintenue au rôle que faute par le contribuable d'avoir fait une déclaration prescrite par la loi.

Art. 155. — Les frais de timbre auxquels s'applique l'article 153 sont supportés par la partie qui succombe. Ils peuvent, en raison des circonstances de l'affaire, être compensés en tout ou en partie. Ils sont liquidés et attribués ou compensés par la décision qui statue sur le litige. (Lois du 22 juillet 1889, art. 62 et 65, et du 29 mars 1897, art. 42. — Circ. du 5 août 1897, n° 909.)

Les frais de timbre concernant les demandes en décharge ou en réduction relatives aux contributions directes et aux taxes assimilées perçues en totalité ou en partie au profit de l'État sont imputés sur le crédit ouvert au budget des dépenses du Ministère des finances pour couvrir les dégrèvements et non-valeurs sur contributions directes et taxes assimilées. Quant aux droits de timbre des demandes en décharge ou en réduction de taxes communales ou d'impositions spéciales pour frais de bourses et chambres de commerce, ils sont admis en dépense sur les mêmes fonds que les taxes ou impositions visées dans la réclamation.

Art. 156. — Les droits de timbre ne peuvent donner lieu à remboursement dans le cas où le contribuable avait le droit de présenter sa demande sur papier libre. (Circ. du 5 août 1897, n° 909.)

CHAPITRE IX

JUGEMENT DES RÉCLAMATIONS.

Art. 157. — Lorsqu'une demande en décharge ou en réduction n'a pas été jugée dans les trois mois de sa présentation, le réclamant peut, jusqu'à la décision, surseoir au payement des termes de sa cote échus après ces trois mois. (Loi du 6 décembre 1897, art. 12.)

Art. 158. — En cas de refus de payement fondé sur la disposition visée à l'article précédent, le percepteur provoque, s'il y a lieu, la ventilation, par le directeur, de la somme restant exigible et de celle dont le versement peut être ajourné. (Circ. du 18 avril 1889, n° 736.)

Le directeur effectue cette ventilation d'après l'état du litige. Il en réfère, au besoin, à l'Administration.

Art. 159. — Les demandes susceptibles d'entraîner des réimpositions doivent être jugées assez tôt pour que ces réimpositions puissent être comprises dans les rôles de l'année suivante. (Circ. du 27 septembre 1854, n° 329.)

Art. 160. — Le directeur statue sur toutes les demandes individuelles en décharge ou en réduction que, d'accord avec le maire ou les répartiteurs, il reconnaît susceptibles d'être intégralement accueillies (art. 99)[1]. Il statue, dans les mêmes conditions, sur les états (mod. n° 23) des déclarations faites à la mairie en conformité de l'article 2 de la loi du 21 juillet 1887 (art. 115), sur les états particuliers de cotes indûment imposées autorisés par l'article 8 de la même loi (art. 123) et, enfin, sur les états des dégrèvements à accorder d'office aux familles de sept enfants (art. 16 et 96). [Loi du 6 décembre 1897, art. 13. — Circ. du 10 décembre 1897, n° 916.]

Art. 161. — Le conseil de préfecture statue sur les demandes individuelles à fin de décharge ou de réduction autres que celles qui sont désignées à l'article précédent, sur les demandes de mutation ou division de cote, d'exemption temporaire pour semis ou plantations de bois et pour construction d'habitations à bon marché, d'inscription au rôle, d'annulation de poursuites ou de remboursement et de décharge de garantie. Il statue également, en chambre du conseil (art. 144), sur les recours contre la liquidation des frais d'expertise. (Lois du 21 avril 1832, art. 29, du 22 juillet 1889, art. 23, du 30 novembre 1894, art. 9, et du 17 juillet 1895, art. 15.)

En matière d'annulation de poursuites, il cesse d'être compétent à partir du commandement. La connaissance de l'affaire appartient alors à l'autorité judiciaire. (Arr. C. 14 mai 1886, Pontet [Hérault].)

Art. 162. — Le conseil de préfecture statue aussi sur les demandes en transfert de patente et de taxe sur les billards qui lui sont renvoyées par le préfet pour décision (art. 113 et 164). Lorsqu'un dégrèvement doit être

1. Lorsque le rejet d'une réclamation n'a été proposé que pour vice de forme, le directeur peut statuer ultérieurement sur cette réclamation si le vice de forme vient à être couvert pendant le dépôt du dossier (art. 108 et 111).

accordé au cessionnaire sur sa patente personnelle, comme conséquence du transfert de la patente du cédant, c'est au conseil de préfecture qu'il appartient de prononcer ce dégrèvement, même dans le cas où la mutation de cote a été réglée par le préfet. (Loi du 15 juillet 1880, art. 28. — Décret du 27 décembre 1871, art. 2. — Arr. C. 6 décembre 1889, Silhol [Hérault].)

Ce conseil statue également sur les états de cotes indûment imposées des percepteurs et sur celles des cotes irrécouvrables qui doivent être réimposées. (Loi du 3 juillet 1846, art. 6. — Loi du 22 juin 1854, art. 16.)

Art. 163. — Les demandes individuelles en remise ou en modération et les demandes collectives pour pertes sont jugées par le préfet. Il en est de même pour les états de cotes irrécouvrables, sauf en ce qui concerne les cotes susceptibles d'être réimposées (art. 162). [Arrêté du 24 floréal an VIII, art. 28. — Circ. du 17 mai 1836.]

Les états de cotes irrécouvrables doivent être jugés avant le 1er octobre. (Circ. du 29 mars 1852, n° 268. — Instr. Compt. 1859, art. 130.)

Art. 164. — Le préfet est compétent pour statuer sur les demandes en transfert de patente et de taxe sur les billards ; mais les intéressés ont le droit de réclamer devant le conseil de préfecture dans les trois mois de la notification de l'arrêté préfectoral. Afin d'éviter, autant que possible, cette complication de la procédure, le préfet s'abstient de statuer sur les demandes en transfert et les renvoie au conseil de préfecture, pour décision (art. 113 et 162), lorsqu'il y a désaccord soit entre le cédant et le cessionnaire, soit entre l'un d'eux et le directeur. (Loi du 15 juillet 1880, art. 28. — Circ. du 12 janvier 1872, n° 505.)

C'est également le préfet qui prononce sur les états de transfert dressés par les contrôleurs, ainsi que sur les états collectifs de dégrèvement pour plantation ou replantation de vignes. (Loi du 8 août 1890, art. 29. — Circ. du 31 décembre 1890, n° 770. — Décret du 2 mai 1888, art. 10. — Circ. du 3 mai 1888, n° 712.)

Art. 165. — Lorsqu'une réclamation contient à la fois une demande en décharge ou en réduction et une demande en remise ou en modération, elle est soumise successivement aux différentes autorités qui doivent y statuer.

Art. 166. — Sauf dans le cas de mutation de cote ou de transfert (art. 161 et 162), le conseil de préfecture ne statue que sur le fait du dégrèvement. C'est à l'autorité administrative qu'appartient l'imputation de ce dégrèvement. (Circ. minist. du 17 mai 1836.)

Art. 167. — Le conseil de préfecture n'est lié par aucun des avis donnés dans l'instruction. Il prend la décision que le litige lui paraît comporter. (Arr. C. 23 mai 1870, n° 2231.)

Cette décision doit être motivée. Mais elle l'est suffisamment quand le conseil déclare adopter l'avis du directeur. (Arr. C. 31 janvier 1861, n° 1077.)

Art. 168. — Si l'affaire ne lui semble pas en état d'être jugée, le conseil de préfecture peut demander au directeur de nouveaux renseignements ou bien prescrire une contre-vérification, en indiquant les points à éclaircir. (Loi du 26 mars 1831, art. 29.)

Cette contre-vérification doit être faite par l'inspecteur ou, à son défaut, par un contrôleur autre que celui qui a procédé à la première instruction.

Elle a lieu en présence du réclamant ou de son fondé de pouvoir et du maire ou des répartiteurs, suivant le cas. Il en est dressé procès-verbal, et l'affaire est renvoyée au conseil de préfecture avec un nouveau rapport du directeur.

Aucune contre-vérification ne peut être faite en dehors de l'action des agents des contributions directes. (Circ. du 18 septembre 1846, n° 132.)

L'article 25 de la loi du 22 juillet 1889, aux termes duquel le conseil peut décider qu'il se transportera tout entier ou que l'un ou plusieurs de ses membres se transporteront sur les lieux, n'est pas applicable aux instances concernant les contributions directes. (Arr. C. 20 avril 1894, Mazuc [Hérault].)

Art. 169. — Le conseil de préfecture ne peut relever un réclamant de la déchéance. Il décide seulement si elle est, ou non, encourue. (Circ. du 27 mai 1853, n° 294.)

Il ne peut statuer au delà des prétentions du réclamant ni prononcer deux fois sur la même demande, à moins qu'il n'ait eu d'abord à juger qu'une question de recevabilité. (Arr. C. 5 janvier 1858, n° 572.)

Il ne peut revenir non plus sur sa décision, à moins qu'elle ne soit valablement attaquée par la voie de l'opposition ou de la tierce opposition (art. 189 et 190). [Arr. C. 18 mai 1877, n° 2887.]

Art. 170. — Les parties qui ont demandé à présenter des observations orales (art. 103) doivent être convoquées au moins quatre jours avant la séance. En cas de constitution d'un mandataire ou d'un défenseur, c'est à ce dernier, s'il est domicilié dans le département, que la convocation doit être adressée. (Loi du 22 juillet 1889, art. 44.)

Le conseil de préfecture peut appeler devant lui les agents de l'Administration. Mais cette disposition n'est applicable qu'aux agents en résidence au chef-lieu du département. (Loi du 22 juillet 1889, art. 45. — Circ. du 1er février 1890, n° 751.)

Art. 171. — Dans le cas de réclamation contre la taxe militaire, formée isolément soit par l'assujetti, soit par l'ascendant imposé, le conseil ordonne, s'il y a lieu, la mise en cause soit de cet ascendant, soit de l'assujetti. La décision qui intervient est commune aux deux parties portées au rôle de la taxe. (Décret du 24 février 1894, art. 35. — Circ. du 17 mars 1894, n° 852.)

Art. 172. — Si les parties présentent des conclusions nouvelles ou des moyens nouveaux, le conseil ne peut les adopter qu'après un supplément d'instruction. (Loi du 22 juillet 1889, art. 45. — Circ. du 1er février 1890, n° 751.)

Art. 173. — Le commissaire du Gouvernement donne ses conclusions sur toutes les affaires. (Loi du 22 juillet 1889, art. 46.)

Art. 174. — Les arrêtés des conseils de préfecture doivent être rendus par des conseillers délibérant en nombre impair ; ce nombre est de trois au moins, président compris. (Loi du 22 juillet 1889, art. 47.)

Art. 175. — Ces arrêtés mentionnent qu'il a été statué en séance publique. (Loi du 22 juillet 1889, art. 48.)

Ils contiennent les noms et conclusions des parties, le vu des pièces et des dispositions légales dont ils font l'application.

Mention y est faite que les parties ou leurs mandataires ou défenseurs, le cas échéant, et le commissaire du Gouvernement ont été entendus.

Ils sont motivés (art. 167).

Les noms des membres qui ont concouru à la décision y sont mentionnés.

La minute des arrêtés est signée par le président, le rapporteur et le secrétaire-greffier.

Le montant des dégrèvements accordés y est inscrit en toutes lettres (art. 83 et 100). Il en est de même pour les arrêtés préfectoraux. (Circ. du 24 février 1890, n° 754.)

CHAPITRE X

Exécution et notification des décisions.

Art. 176. — Les décisions du directeur sont exécutées et notifiées aussitôt qu'elles ont été prises.

En ce qui concerne les affaires soumises au conseil de préfecture ou au préfet, les dossiers, accompagnés des décisions rendues, sont renvoyés immédiatement au directeur. (Circ. minist. du 15 septembre 1828.)

Art. 177. — Au vu des décisions, le directeur établit les ordonnances de dégrèvement et les adresse au trésorier-payeur général, en se conformant aux règles tracées par les instructions spéciales à cette partie du service.

Art. 178. — Toute décision définitive du conseil de préfecture est notifiée aux parties à leur domicile réel. (Loi du 22 juillet 1889, art. 51.)

Toutefois, si la partie a constitué un mandataire, domicilié dans le département, et lui a donné pouvoir de faire appel devant le Conseil d'État, la décision est notifiée au mandataire.

Art. 179. — Le directeur rédige des lettres d'avis (mod. n°s 11, 12, 13, 14, 16, 17 et 45) pour notifier aux intéressés les décisions intervenues, et, s'il y a lieu, l'envoi des ordonnances aux percepteurs. (Circ. minist. du 16 septembre 1825 et du 22 avril 1829. — Circ. du 19 novembre 1887, n° 704, du 3 mai 1888, n° 712, et du 1er février 1890, n° 751.)

Dans le cas de mutation de cote (art. 161) ou de transfert de patente et de taxe sur les billards (art. 162 et 164), indépendamment des lettres d'avis de décision transmises à tous les intéressés, une notification spéciale (mod. n° 18) est adressée au percepteur. (Circ. du 31 décembre 1890, n° 770.)

Les comptables sont également informés des décisions rendues sur les demandes en annulation de poursuites et en remboursement (art. 8 et 9).

Art. 180. — Si l'arrêté a été rendu par défaut à l'égard d'une ou plusieurs parties, la lettre d'avis adressée au défaillant doit faire mention de la faculté qui lui est accordée d'attaquer la décision par voie d'opposition dans le délai d'un mois (art. 189) et indiquer que, à l'expiration de ce délai, il sera déchu du droit de former opposition, sans préjudice du droit de recours au Conseil d'État (art. 191). [Loi du 22 juillet 1889, art. 52.]

Dans le cas prévu à l'article 190, la personne recevable à former tierce opposition à l'arrêté du conseil de préfecture doit être prévenue que cette voie de recours est la seule qui lui soit ouverte.

Art. 181. — Lorsque les conclusions du directeur n'ont pas été adoptées par le conseil de préfecture, la décision n'en est pas moins exécutée, les pourvois n'étant pas suspensifs (art. 201). Mais mention est faite sur la lettre d'avis du droit de recours de l'Administration. (Décret du 22 juillet 1806, art. 3.)

Si la décision prise contrairement aux propositions du directeur a été rendue par le préfet, l'exécution en est ajournée jusqu'après décision du Ministre ou de l'Administration (art. 212). [Circ. du 5 juin et du 16 décembre 1841.]

Art. 182. — Des lettres d'avis (mod. n° 35) sont envoyées aux contribuables dont les cotisations ont été l'objet de dégrèvements accordés sur la demande du maire. Elles sont accompagnées d'un bordereau (mod. n° 36) adressé au maire. (Circ. du 18 septembre 1845, n° 102, et du 5 février 1883, n° 639.)

Art. 183. — Des avis spéciaux (mod. n°ˢ 28 et 29) font connaître aux percepteurs les cotes rejetées de leurs états, soit par le conseil de préfecture, soit par le préfet. (Circ. du 18 avril 1889, n° 736.)

Dans les cinq premiers jours de chaque mois, le directeur adresse au trésorier-payeur général avec un bordereau, les relevés (mod. n° 20) des décisions portant rejet total de réclamations en décharge ou en réduction. La restriction formulée au deuxième paragraphe de l'article 62 est applicable à ces relevés. (Circ. du 30 avril 1895, n° 871.)

Art. 184. — Dès l'instant qu'une demande n'a pas été admise en entier, la notification adressée au réclamant doit énoncer explicitement et d'une façon suffisamment développée les motifs de la décision. On ne doit se borner, dans aucun cas, à se référer à la lettre d'avis de dépôt. (Circ. minist. du 16 septembre 1825. — Circ. du 16 décembre 1841.)

Art. 185. — Le directeur annexe aux lettres d'avis (art. 179) les avertissements et autres pièces qui avaient été produites par les réclamants. Ces lettres, sauf dans les cas prévus ci-après (art. 186), sont, avec les pièces qui les accompagnent, envoyées au contrôleur, qui les transmet *immédiatement* au maire après annotation de ses registres de réclamations, ou les renvoie au directeur pour transmission aux intéressés si ceux-ci n'habitent pas sa division. (Circ. du 5 février 1883, n° 639, et du 7 février 1894, n° 850.)

Pour les demandes en décharge ou en réduction qui ont été rejetées totalement ou en partie, les lettres d'avis sont accompagnées d'un bordereau par commune, destiné au maire (mod. n° 15). [Circ. du 5 février 1883, n° 639.]

Art. 186. — Les lettres d'avis relatives aux décisions rendues par le directeur sur déclarations déposées à la mairie sont envoyées directement aux maires. Il en est de même à l'égard des notifications visées à l'article 182 et des lettres d'avis de dégrèvement pour plantation ou replantation de vignes. (Circ. du 5 février 1883, n° 839, du 3 mai 1888, n° 712, et du 7 février 1894, n° 850.)

Ces dernières notifications sont renouvelées chaque année pendant la période légale d'exemption. Il en est ainsi également dans les autres cas d'exemption temporaire (art. 33 et 123). [Circ. du 24 juin 1861, n° 399, et du 3 mai 1888. n° 712.]

Art. 187. — Les lettres d'avis portant notification de dégrèvements ne doivent être adressées au maire ou au contrôleur qu'après le renvoi, par le trésorier-payeur général, du bordereau des ordonnances comprenant ces dégrèvements [1].

Le directeur inscrit sur le carnet visé à l'article 110 les bordereaux transmis aux maires en vertu de l'article 185 et surveille la rentrée de ces bordereaux. (Circ. du 5 février 1883, n° 639.)

Il communique les états de déclarations (mod. n° 23) au contrôleur, qui les lui renvoie après annotation de son registre. (Circ. du 19 novembre 1887, n° 704.)

Il notifie aussi au contrôleur les décisions rendues sur les demandes collectives pour pertes et lui communique les états des percepteurs. Le contrôleur annote sur son registre les décisions intervenues. Il conserve provisoirement les états de cotes irrécouvrables pour les renvoyer ultérieurement à la direction, avec ceux de l'année suivante, au fur et à mesure de l'instruction de ces derniers (art. 82). [Circ. minist. du 27 décembre 1826. — Circ. du 9 novembre 1894, n° 861.]

Art. 188. — Les exemptions temporaires acquises à des propriétés non bâties sont annotées sur les états de sections (art. 117), s'il s'agit de plantation ou replantation de vignes. Dans les autres cas, elles sont mentionnées sur les matrices cadastrales, avec indication de l'année où elles doivent prendre fin. (Circ. du 3 mai 1888, n° 712. — Loi du 3 frimaire an VII, art. 123.)

CHAPITRE XI

VOIES DE RECOURS CONTRE LES ARRÊTÉS DES CONSEILS DE PRÉFECTURE.

Art. 189. — Les arrêtés non contradictoires des conseils de préfecture peuvent être attaqués par voie d'opposition, devant ces conseils, dans le délai d'un mois à dater de la notification qui en est faite à la partie. (Loi du 22 juillet 1889, art. 52.)

Sont considérés comme contradictoires les arrêtés rendus sur les requêtes ou mémoires en défense des parties. La voie de l'opposition est donc ouverte à toute personne, autre que le réclamant, qui a été mise en cause, mais n'a pas produit de défense Tel serait le cas, en matière soit de mutation de cote, soit de transfert de patente ou de taxe sur les billards, si le contribuable mis en cause (ancien ou nouveau propriétaire, cédant ou cessionnaire) n'avait pas produit d'observations écrites. (Loi du 22 juillet 1889, art. 53. — Arr. C. 23 avril 1875, n° 2748, et 18 mai 1877, n° 2887.)

Art. 190. — Toute personne peut former, devant le conseil de préfecture, tierce opposition à une décision qui préjudicie à ses droits, et lors de laquelle ni elle ni ceux qu'elle représente n'ont été appelés ; elle n'est pas recevable à se pourvoir directement devant le Conseil d'État contre cette

---

1. Il conviendra de modifier en conséquence la disposition contenue à la page 57 (ligne 35) du Résumé annexé à la circulaire du 28 février 1893, n° 831.

décision. (Lo. du 22 juillet 1889, art. 56. — Arr. C. 1ᵉʳ décembre 1894, dame Segond [Alpes-Maritimes].)

Art. 191. — Les arrêtés des conseils de préfecture peuvent être attaqués devant le Conseil d'État dans le délai de deux mois à dater de la notification, lorsqu'ils sont contradictoires, et à dater de l'expiration du délai d'opposition, lorsqu'ils ont été rendus par défaut. (Loi du 22 juillet 1889, art. 57.)

Ce délai de deux mois est augmenté, conformément à l'article 73 du Code de procédure civile, modifié par la loi du 3 mai 1862, lorsque le requérant est domicilié hors de la France continentale ¹. (Loi du 22 juillet 1889, art. 58. — Circ. du 1ᵉʳ février 1890, n° 751.)

Art. 192. — Il court, pour la commune, du jour de la remise au maire de la lettre d'avis de décision destinée au réclamant et, pour le Ministre, du jour de la réception du dossier au Ministère (art. 211). [Arr. C. 23 novembre 1877, n° 2999, et 9 novembre 1877, n° 3024.]

Art. 193. — Le jour de la remise de la lettre d'avis ou de la notification et celui de l'échéance ne sont pas comptés dans le délai d'appel (art. 47).

Art. 194. — Un recours incident peut être formé à toute époque par la partie contre laquelle le recours principal est dirigé. (Arr. C. 17 décembre 1875, n° 2813.)

Art. 195. — Un arrêté préparatoire ne peut être attaqué que conjointement avec l'arrêté définitif. Un arrêté interlocutoire peut être attaqué aussitôt après sa notification. (Code proc. civ., art. 451. — Loi du 22 juillet 1889, art. 60.)

Art. 196. — Sont réputées préparatoires les décisions rendues pour l'instruction de la cause et qui tendent à mettre l'affaire en état de recevoir jugement définitif. Sont réputées interlocutoires les décisions ordonnant, avant dire droit, une preuve, une vérification ou une instruction qui préjuge le fond. (Code proc. civ., art. 452. — Loi du 22 juillet 1889, art. 60.)

Art. 197. — Les pourvois peuvent être déposés, sans frais et sans l'intervention d'un avocat au Conseil d'État, soit au secrétariat du contentieux de ce Conseil, soit à la préfecture, soit à la sous-préfecture. (Loi du 22 juillet 1889, art. 61. — Circ. du 1ᵉʳ février 1890, n° 751.)

Il en est délivré récépissé aux parties qui le demandent. (Loi du 22 juillet 1889, art. 61.)

Art. 198. — Les pourvois doivent être rédigés sur papier timbré, à moins qu'ils n'aient pour objet des cotes inférieures à 30 fr. (art. 17 et 18.) [Loi du 22 juillet 1889, art. 61. — Circ. du 1ᵉʳ février 1890, n° 751.]

Ils peuvent toutefois, pour la taxe des prestations, être produits sur papier libre, quel que soit le chiffre de la cote (art. 19).

Tout pourvoi doit contenir l'exposé sommaire des faits et des moyens et les conclusions de la partie. (Décret du 22 juillet 1806, art. 1ᵉʳ. — Arr. C. 20 juillet 1877, n° 2900.)

Il doit être accompagné, soit d'une expédition sur timbre de l'arrêté attaqué, soit de la lettre de notification adressée au requérant. (Arr. C. 1ᵉʳ février 1890, n° 3539.)

Art. 199. — En dehors des avocats au Conseil d'État, nul n'a qualité pour

---

1. L'augmentation est d'un mois pour la Corse et l'Algérie.

se pourvoir au nom d'une autre personne, s'il ne justifie d'un mandat exprès et régulier l'y autorisant. (Arr. C. 27 décembre 1890. Hupier pour Bioche et autres [Sarthe].)

Ce mandat doit être timbré et enregistré (art. 25).

Les maires peuvent se pourvoir dans l'intérêt des communes, s'il s'agit d'impôts de répartition ou de taxes perçues au profit de ces communes. Ils doivent justifier de l'autorisation en forme du conseil municipal. (Arr. C. 12 août 1861, n° 1151. — Instr. sur les chem. vicinaux, 1870, art. 95.)

Les pourvois des maires ne sont pas recevables en matière d'impôts de quotité. (Arr. C. 16 juin 1876, n° 2821.)

Aucun pourvoi ne peut être formé par les répartiteurs.

Art. 200. — Il appartient au Ministre des finances de se pourvoir au nom de l'État, en ce qui touche les impôts ou taxes perçus au profit du Trésor. (Arr. C. 8 juin 1877, n° 2902.)

Les percepteurs sont admis à faire appel des arrêtés rendus sur leur état de cotes indûment imposées. (Arr. C. 7 mai 1880, Echelard [Doubs].)

Ils peuvent également se pourvoir, lorsqu'ils y sont personnellement intéressés, contre les décisions rendues par les conseils de préfecture sur les demandes en remboursement. (Arr. C. 24 mai 1890, Le Gentil [Pas-de-Calais].)

Art. 201. — Les pourvois devant le Conseil d'État n'ont pas d'effet suspensif. (Décret du 22 juillet 1806, art. 3. — Arr. C. 29 mai 1874, n° 2496.)

Art. 202. — Les requêtes déposées au Conseil d'État (art. 197) sont communiquées par l'Administration au directeur, pour constitution des dossiers. Elles sont ensuite renvoyées directement à l'Administration. (Circ. du 1er février 1890, n° 751.)

Celles qui sont déposées à la préfecture ou à la sous-préfecture y sont enregistrées et timbrées à leur date d'arrivée. Elles sont communiquées au directeur qui, après instruction, les renvoie au préfet, chargé de les faire parvenir au Conseil d'État. (Circ. du 3 mars 1854, n° 318, et du 31 mars 1886, n° 679.)

Art. 203. — Le directeur examine les requêtes dès qu'il les a reçues et y joint les pièces de la première instruction, y compris les bordereaux constatant la remise des lettres d'avis de dépôt ou, à leur défaut, un extrait certifié de ces bordereaux (art. 110). Il rédige au besoin des duplicata des avertissements. (Circ. du 3 mars 1854, n° 318, et du 18 avril 1889, n° 736.)

Il joint également au dossier l'original ou un extrait certifié du bordereau constatant la remise de la lettre d'avis de décision (art. 185), à moins que la recevabilité de la requête au point de vue du délai ne résulte des pièces produites, par exemple, d'un simple rapprochement entre la date de la lettre d'avis et la date de la présentation du pourvoi. (Circ. du 3 mars 1854, n° 318.)

Art. 204. — Si la première instruction lui paraît devoir être complétée ou si la partie se prévaut de faits ou de moyens non encore invoqués, le directeur prescrit une vérification supplémentaire après laquelle il effectue, au besoin, un nouveau dépôt du dossier (art. 103, 109 et 111). [Circ. du 29 avril 1870, n° 488, du 31 mars 1886, n° 679, du 7 mai 1887, n° 690, et du 26 décembre 1889, n° 749.]

Dans ce cas, il a soin d'annexer ensuite au dossier les pièces justificatives du nouveau dépôt (bordereau de remise de la lettre d'avis et attestation du sous-préfet), ainsi que les observations produites par le requérant et, s'il y a lieu, la réponse du contrôleur ou de l'inspecteur à ces observations. (Circ. du 3 mars 1854, 1° 318.)

Lorsqu'il s'agit d'un changement de résidence, il recueille, s'il y a lieu, les indications propres à compléter l'instruction (art. 101). [Circ. du 31 mars 1866, n° 679.]

Art. 205. — Le directeur fournit sur chaque requête un rapport d'ensemble, complet et détaillé, qui doit contenir, avec renvoi aux pièces annexées, l'exposé des faits de la cause et des résultats de l'instruction, la discussion des moyens invoqués et la citation des lois, règlements ou décisions applicables à l'espèce (art. 77 et 100). Ses conclusions doivent être motivées. (Circ. du 31 mars 1886, n° 679, du 7 mai 1887, n° 690, et du 26 décembre 1889, n° 749.)

Les requêtes sont examinées au double point de vue de la forme et du fond. Toutefois, lorsqu'elles sont manifestement entachées d'un vice de forme qui les rend irrecevables et qui, d'ailleurs, ne peut plus être couvert ultérieurement (requête frappée de déchéance, introduite prématurément, dirigée contre un arrêté préfectoral, etc.), on peut se dispenser de les examiner au fond ; le directeur se borne à fournir un rapport sommaire où l'affaire est envisagée uniquement au point de vue de la recevabilité.

Il procède de la même manière dans le cas de non-lieu à statuer (désistement du requérant, pourvoi dirigé contre une imposition qui n'existe pas ou dont, en fait, le dégrèvement a été alloué, etc.).

Art. 206. — Le rapport du directeur doit être indépendant de la lettre de renvoi à l'Administration ou au préfet (art. 102). [Circ. du 31 mars 1886, n° 679, du 7 mai 1889, n° 690, et du 26 décembre 1889, n° 749.]

Le directeur y joint le dossier, comprenant d'abord la requête et les pièces produites à l'appui et ensuite les autres pièces classées dans l'ordre chronologique. (Circ. du 26 décembre 1889, n° 749.)

Toutes ces pièces sont numérotées et enliassées. Il en est dressé un bordereau. (Circ. du 26 décembre 1889, n° 749.)

Art. 207. — Les arrêts rendus par le Conseil d'État sont portés à la connaissance du préfet et du directeur par l'Administration. (Circ. du 7 mai 1887, n° 690.)

Le dossier de chaque affaire est renvoyé au préfet, avec une ampliation de l'arrêt qui est communiquée au directeur pour qu'il en prenne copie.

Le préfet est chargé de notifier l'arrêt aux intéressés et, de concert avec le directeur, d'en assurer l'exécution.

Art. 208. — Lorsque le Conseil d'État a annulé une décision portant décharge ou réduction, le préfet prend un arrêté de reversement, qui est transmis au percepteur pour lui servir de titre de recette. (Circ. du 12 décembre 1850, n° 240.)

Dans le cas où la cotisation rétablie au rôle est devenue irrécouvrable, l'insolvabilité du débiteur est constatée, comme pour les cotes ordinaires, par un arrêté préfectoral, mais il n'est point établi d'ordonnance de dégrèvement. (Circ. du 28 février 1893, n° 831. — Déc. minist. du 27 septembre 1895.)

Art. 209. — Un arrêt du Conseil d'État rendu par défaut peut être attaqué par voie d'opposition. (Arr. C. 8 avril 1881, n° 3289.)

Un arrêt contradictoire de ce Conseil ne peut être l'objet d'un recours que s'il a été rendu sur pièces fausses, ou si la partie a été condamnée faute de représenter une pièce décisive retenue par son adversaire, ou si les formalités prescrites par la loi n'ont pas été remplies. (Arr. C. 23 novembre 1883, n° 3416.)

Art. 210. — Est applicable aux arrêts concernant la taxe militaire, la disposition d'après laquelle les décisions rendues par le conseil de préfecture, après mise en cause, s'il y a lieu, soit de l'ascendant, soit de l'assujetti, sont communes aux deux parties portées sur le rôle (art. 171). [Décret du 24 février 1894, art. 35. — Circ. du 17 mars 1894, n° 852.]

CHAPITRE XII

Décisions déférées a l'administration.

Art. 211. — Toute décision du conseil de préfecture ou du préfet rendue contrairement à l'avis du directeur doit être aussitôt déférée à l'Administration, à moins qu'il ne s'agisse de taxes perçues au profit des communes (art. 199 et 200). [Circ. du 5 juin 1841. — Circ. du 24 octobre 1844, n° 57.)

Le directeur y joint le dossier dûment complété (art. 203 à 206) et fournit dans son rapport toutes les indications nécessaires pour permettre à l'Administration d'apprécier de quelle suite l'affaire est susceptible. (Circ. du 18 avril 1889, n° 736.)

Au besoin, il fait procéder avant cet envoi à un supplément d'instruction. Mais il ne doit pas prendre l'initiative d'un nouveau dépôt du dossier. (Circ. du 29 avril 1870, n° 488.)

Art. 212. — Les arrêtés des conseils de préfecture sont exécutés avant l'envoi des dossiers à l'Administration. Mais il est sursis à l'exécution des arrêtés préfectoraux (art. 181). [Circ. du 16 décembre 1841.]

Art. 213. — Le Ministre peut faire appel devant le Conseil d'État d'une décision rendue conformément à l'avis du directeur. (Arr. C. 16 avril 1880, n° 3199.)

CHAPITRE XIII

Pourvois devant le ministre. — Relevés de déchéance.

Art. 214. — Les arrêtés préfectoraux portant rejet, total ou partiel, de demandes en remise ou en modération peuvent faire l'objet de pourvois devant le Ministre.

Les percepteurs peuvent aussi se pourvoir devant le Ministre contre les arrêtés préfectoraux ayant rejeté des cotes par eux présentées comme irrécouvrables. (Circ. du 18 avril 1889, n° 736.)

Aucun délai n'est fixé pour la présentation de ces pourvois.

Art. 215. — Les pourvois des percepteurs sont appuyés, s'il y a lieu, des mêmes justifications que leurs états primitifs (art. 28). Le trésorier-payeur général donne son avis sur ces pourvois et les remet ensuite au directeur qui les fait instruire et les renvoie au préfet avec son rapport. (Circ. du 18 avril 1889, n° 736.)

Le préfet a la faculté de revenir sur sa première décision, lorsque le pourvoi d'un percepteur lui paraît entièrement fondé. Dans le cas contraire, il envoie le dossier avec son avis à l'Administration, qui soumet l'affaire au Ministre.

Une marche analogue est suivie pour l'instruction et le jugement des pourvois présentés par des particuliers.

Art. 216. — Lorsque les percepteurs sollicitent du Ministre l'autorisation de présenter des états de cotes irrécouvrables en dehors des délais fixés (art. 54), ces demandes en relevé de déchéance sont instruites comme les pourvois (art. 215). [Circ. du 18 avril 1889, n° 736.]

L'admission peut en être prononcée par le préfet lorsque, d'une part, il s'agit de cotisations relatives à l'année précédant immédiatement celle de la présentation de la demande et que, d'autre part, le trésorier-payeur général et le directeur ont, d'un commun accord, proposé de relever le comptable de la déchéance. Dans les autres cas, le préfet se borne à transmettre le dossier à l'Administration avec son avis, et le Ministre statue. (Déc. minist. du 12 mars 1895. — Circ. du 30 avril 1895, n° 871.)

Art. 217. — La décision à prendre sur les demandes en relevé de déchéance dépend essentiellement, non de l'irrécouvrabilité des cotes présentées, mais de la question de savoir si l'omission desdites cotes sur les états primitifs se justifie par des circonstances spéciales à ces cotes. C'est donc à l'examen de cette question préjudicielle que les agents chargés de l'instruction doivent s'attacher. Ils sont toutefois autorisés à traiter, en même temps et par avance, la question d'irrécouvrabilité, si le relevé de déchéance leur paraît susceptible d'être prononcé. (Circ. du 26 février 1891, n° 778.)

La nature et la date de chaque acte de poursuites doivent être relevées avec soin. (Circ. du 26 février 1891, n° 778.)

Art. 218. — Le directeur fournit sur chacune de ces demandes un rapport spécial qui doit être motivé. Les cotes y sont, le cas échéant, groupées et totalisées par catégorie de propositions. (Circ. du 26 février 1891, n° 778.)

Art. 219. — Les cotes non encore présentées comme irrécouvrables (art 216) et les cotes déjà rejetées (art. 214) doivent faire l'objet de demandes séparées et d'états distincts. Les demandes ou les états qui ne sont pas produits dans ces conditions sont renvoyés aux comptables pour être régularisés. (Circ. du 26 février 1891, n° 778.)

CHAPITRE XIV

ÉTATS DE SITUATION. — ÉTAT STATISTIQUE. — DÉPENSES D'IMPRIMÉS.

Art. 220. — Dans les cinq premiers jours de chaque trimestre, les contrôleurs adressent au directeur des états (mod. n° 50) qui présentent la situation de l'instruction des réclamations de toute nature pour l'année courante et l'année antérieure. (Circ. du 7 février 1894, n° 850.)

Art. 221. — Dans les quinze premiers jours des mois de janvier et de juillet, les directeurs transmettent à l'Administration des états de situation (mod. n° 51). Ils rédigent des états distincts pour chacune des années sur lesquelles il reste des affaires à instruire ou à juger. (Circ. du 7 février 1894, n° 850.)

Ils adressent en outre à l'Administration avant le 1er mars l'état statistique (mod. n° 52) des réclamations de toute nature reçues à la direction dans le cours de l'année précédente.

Art. 222. — Les frais d'impression des cadres concernant les plantations ou replantations de vignes (mod. n°s 37 à 45) sont supportés par les directeurs ; il en est de même des imprimés relatifs à la vérification des pertes de toute nature, à l'exception, toutefois, des bulletins (mod. n° 30) destinés à recevoir les déclarations des perdants qui sont à la charge des contrôleurs qui croient devoir en faire usage. (Circ. du 20 mai 1897, n° 904.)

Les frais d'impression de tous les autres modèles annexés à la présente instruction sont imputés sur le crédit inscrit au budget des dépenses pour frais d'impression des cadres relatifs au service des réclamations. (Circ. du 28 février 1893, n° 831.)

Paris, le 29 janvier 1898.

Le Conseiller d'État,
Directeur général des Contributions directes,
BOUTIN.

Approuvé :
Le Ministre des finances,
Georges COCHERY.

Nancy, impr. Berger-Levrault et Cie.

www.ingramcontent.com/pod-product-compliance
Lightning Source LLC
Chambersburg PA
CBHW060740280326
41934CB00010B/2291